臺灣歷史與文化 研究輯刊

十一編

第 1 冊

日治時期影片《幸福的農民》之農村影像研究

黃煥淋 著

花木蘭文化出版社

國家圖書館出版品預行編目資料

日治時期影片《幸福的農民》之農村影像研究／黃煥淋 著
— 初版 — 新北市：花木蘭文化出版社，2017〔民 106〕
目 2+144 面；19×26 公分
（臺灣歷史與文化研究輯刊 十一編：第 1 冊）
ISBN 978-986-404-934-9（精裝）
1. 電影片 2. 影評 3. 日據時期
733.08   106001098

ISBN- 978-986-404-934-9

9 789864 049349

臺灣歷史與文化研究輯刊
十一編 第 一 冊   ISBN：978-986-404-934-9

日治時期影片《幸福的農民》之農村影像研究

作　者　黃煥淋
總 編 輯　杜潔祥
副總編輯　楊嘉樂
編　輯　許郁翎、王筑　美術編輯　陳逸婷
出　版　花木蘭文化出版社
社　長　高小娟
聯絡地址　235 新北市中和區中安街七二號十三樓
　　　　　電話：02-2923-1455／傳真：02-2923-1452
網　址　http://www.huamulan.tw 信箱 hml 810518@gmail.com
印　刷　普羅文化出版廣告事業
初　版　2017 年 3 月
全書字數　133327 字
定　價　十一編 6 冊（精裝）台幣 12,000 元

日治時期影片《幸福的農民》之農村影像研究

黃煥淋　著

作者簡介

黃煥淋，畢業於國立台北教育大學台灣文化研究所文學組，指導教授為翁聖峰教授。本書作者長期對於詩、電影、戲劇、美術、建築、文學史、文創產業等探索與學習，極感興趣，進而關注不同領域、藝術形式的跨越與統合等課題。研究領域包括日治時期台灣文學、電影研究、東亞歷史與文學、藝術管理等。著有多種個人詩集、小說、隨筆與評論等作品。

提　　要

　　本書含緒論與結論共有五章，第二章回顧《幸福的農民》影片的相關背景，同時在世界電影史的發展上，亦有重大的事件與改變發生中。影片呈現的「農村生活影像紀錄」及「戲劇與民俗儀式影像紀錄」則分別在第三、四章進行完整的論述。

　　《幸福的農民》影片長度僅 28 分 7 秒，是黑白無聲且播放時間不長的默片，1927 年由日治時期官方色彩濃厚的台灣教育會拍攝製作完成。當時為推廣嘉南大圳事業，透過電影的公開放映遂行殖民地教化任務。本書並非從宣傳嘉南大圳事業的顯著課題來著手進行研究，亦非再深化研究有關嘉南大圳興建對農民的影響等議題。而是另闢研究途徑，因此選擇整部影片所呈現的農村影像紀錄來作為研究主軸。

　　在當時的電影放映活動裡，《幸福的農民》影片能直接將嘉南大圳的建設工地現場呈現給觀眾，亦即直接以視覺在銀幕上體驗「現代性」發生的現場。同時透過影片的劇情發展，以對比的方式，刻意塑造兩種不同型態農村之間的反差，加強宣傳嘉南大圳事業的效果。此外，影片紀錄豐富的農村結婚儀式、傳統戲劇演出情形、祈雨儀式與祭祀信仰等珍貴的影像史料，提供可作為輔助目前日治時期台灣文化研究以文字或圖像文本為主的研究現況，甚至能發現新的研究成果或開創新的研究途徑。

　　另一方面，本書特別將文學作品的文字描寫與《幸福的農民》影片裡的影像紀錄嘗試做比較研究，選擇小說作品的作者則涵蓋了台灣人／日本人、男性／女性等不同屬性的文學藝術取向。而除了選擇小說形式的文字作品以外，也有日治時期靜態影像的攝影作品以及動態影像的紀錄片（《南進台灣》），試圖從多元且不同的文本比較中，去尋找更有利的位置來觀看影片與欣賞小說，剖析文本間的異同，釐清原創者的創作意圖與探討作品更深層的風貌。

謝　誌

　　詩與電影是我青春年少時期醉心沉浸的最大嗜好，讀詩寫詩、看電影評論電影的興趣迄今仍占據我許多閒暇時光。礙於現實環境因素，無法成為真正的詩人專事創作或擔任導演拍部完整的電影，但是本書的完成，開拓了自身對於文學與電影之間研究的全新視野，更豐富了我重新去認識文學與電影的內涵。此外，撰寫期間的構思、蒐集素材、閱讀、研討會論文發表等學術研究工作，也讓我獲得心靈上很大的滿足感，絕非一般職場上爭取權位或汲汲營利的現實環境所能比擬。能優游在有興趣的文學領域裡，盡情發揮尋找屬於自己的研究見地，這無疑是趟充滿幸福與感恩的學習旅程。

　　本書是由我的學位論文經潤飾後予以出版，有勞花木蘭出版社的編輯群們耐心的編排校稿。漫長又孤獨的學術研究過程裡，首先，要感謝我的指導教授翁聖峰老師，翁老師引領我進入日治時期文學研究的祕境，從「台灣文學史」、「台灣傳統詩文」、「日治時期台灣文學」、「日治時期台灣小說」等一連串翁老師在研究所開設的專題課程，我都一路認真跟隨學習；先生治學嚴謹，循循善誘之外，還有以身作則的待人處事行誼，讓我受益良多。此外，感謝戴寶村老師與應鳳凰老師在論文計畫與全文口試時，提供寶貴的意見與建議修正撰述的方向，使我的論述能更臻完整。還要感謝何義麟老師，在擔任所長時期，所務繁忙之際，仍時常關心我的論文進度，並適切提供建議。

　　最後，僅將這本書獻給我最敬愛的　父母親。

目

次

第一章　緒　論

第一節　研究動機與目的

一、研究動機

　　影像文本有別於一般的書寫形式，以拍攝影片的形式與文字書寫的形式所完成的作品，雖各有其詮釋歷史或表達情境的差異性，甚至孰優、孰劣的二元辨證的論述。尤其囿於閱聽形式限制的影像文本呈現方式，往往無法承載更深入、更多樣的邏輯思考與內容複雜的結構體系。

　　影像的多重動態呈現，如：旁白與配樂、影片製作時的字幕以及後來經過人工添加的翻譯字幕等等，與被動的靜態文字比較起來，更適合迅速形塑集體意識與個體的個別意識，也因此影像敘事的敘事方法，屢受欲凝聚國族認同或帝國展示的操控者青睞。現今在台灣，日治時期所留下文字書寫形式完成的詩、散文、小說、戲劇等文學作品數量豐富。也有相當多的研究者投入此研究領域，並且產出了豐碩的研究成果。但相對的，以拍攝影片的形式所完成的劇情片（narrative film）或記錄片（documentary）甚至是動畫（animation film）等，可供研究的影像文本數量比起文學作品，可謂不成比例的稀少。這些稀有的影像文本，無論是完整、不完整或待修復的影片，提供了除了文字書寫形式留下的各類圖文資料以外，以另一種文本的形式去解讀日治時期那個時代的歷史與它原始的風貌，同時也增加了日治時期文藝研究多元的面向。

　　就書寫或口語的性質而言，紀錄片的書寫屬性成分較高，而書寫比起口語則偏向僵硬並缺乏彈性，不容易呈現類似口語情境般的活潑與互動性，由於紀錄片利用影像、聲音和話語等複雜的組合進而產生的張力，再現口語情境於真理生產過程中的不確定性，舒緩文字書寫性質的缺乏彈性。〔註1〕而紀錄片與劇情片相較，紀錄片偏重於書寫紀載的功能，確實比起側重於口語交談情境的劇情片，負擔更多的歷史紀錄或歷史記憶等功能。

　　日本在1895年領有台灣，使台灣成為日本海外第一個殖民地以後，其後來再取得的其他海外殖民地或是帝國影響的勢力範圍區域，皆採亞洲大陸為中心的擴張政策。在戰爭時期，官方所推動的大東亞共榮圈政策的起源，也同樣是以日、滿、支作為一體的思考。〔註2〕而台灣就地域位置而言，在南進政策中雖佔有重要的地位，但若以日本內地為中心的地理幅員位置或由內閣的整體政治運作看其比重，台灣確實處於地理位置上的邊緣地帶。換言之，台灣屬於帝國權力所涵蓋的邊緣地帶。然而，從帝國邊緣的視角出發看台灣本島所從事的文化活動、經營的文化事業或創作完成的各種文藝作品，在某種程度上卻不得不去回應自身與帝國主體間的差距，也就是中心與邊陲的差異性。

　　Herbert Zettle 認為電影影像藝術具有的五度空間：光影色彩、平面影像、影像立體深度、時間與運動、聲音，藉由敘事觀點可將五度空間變成四項分析：光（成像之基本）、空間（實擬虛境）、時間（故事敘述）、聲音（真實條件）。〔註3〕上述影像構成元素，透過電影將敘事的形式與內涵傳達至觀眾。也就是觀眾所接收到的，除了從銀幕呈現出來的畫面與因觀看而推動的故事情節，還有電影所扮演非常重要的工作：「意識形構」。特別是運用於殖民地統治者當局，對於殖民對象的意識型態的形塑過程與結果，會出現干涉現象。當殖民者的意識型態介入殖民對象的意識形塑時，往往使在殖民地所拍攝的影片，其影像的構成元素參揉一些殖民地特有的情調，而這些特有的殖民地情調成為了敘事的元素，無形中呈現出來的畫面協力了意識型態的形塑。而影片如何敘事（說故事）？敘事如何形塑意識？敘事與形塑意識的過程、結

〔註1〕邱貴芬，《後殖民及其外》（台北：麥田出版，2003年9月），頁149～150。
〔註2〕李文卿，《共榮的想像——帝國・殖民地與大東亞文學圈》（台北：稻鄉出版，2010年6月），頁25。
〔註3〕程予誠，《電影敘事影像美學：剪接理論與實證》（台北：五南出版，2008年12月），頁73。

果如何發展？筆者認為值得去深入探究。另外，日治時期台灣一直處於帝國的邊緣位置，同時又是殖民地宗主國海外第一個殖民地，這兩種身份與際遇，也使得台灣在影像中的殖民地敘事往往能形構出與大東亞共榮圈內的其他地域不一樣的特殊性。這個特殊性，筆者認為有其深入研究的價值。

另外，電影人在處理現實的態度，選擇「批評」或是「歌頌」當權者所採用的歷史方法，是有細微的差異。以 Leni Riefenstahl 為例，[註4] 她不但要尊重影片的資助者或指導單位提出的拍攝方針或建議，此外，還要表現出導演個人的藝術取向，兩者間的平衡並不容易，因此使得美學與政治之間產生了些許的限制。[註5] 亦即，電影製作環節中的電影製作者，在電影文本的敘事選擇上，往往會因為受到「敘事之外」的各種干擾影響，而牽動對映象敘事的構成。針對此點筆者也期望在本書中有討論的空間。

當時亞洲地區最大的灌溉系統水利工程建設——嘉南大圳選定在帝國邊緣的殖民地台灣，從 1920 年 9 月的官佃溪埤圳工程開始施工到 1930 年完工，歷經 10 年的興建過程，興建期間由台灣教育會攝製在 1927 年拍攝完成的宣傳紀錄片《幸福的農民》共 3 卷，[註6]，是默片而且是穿插有劇情的記錄片。而以宣揚嘉南大圳事業為宗旨的《幸福的農民》影片，不但保存嘉南大圳興建情形而且紀錄相當豐富的農村生活影像。此外，當時農民於農忙之餘觀賞戲劇的情形、民間傳統戲劇演出的珍貴影像紀錄與農村民俗儀式的呈現也涵蓋在《幸福的農民》的影片內。筆者試圖從這些多元又豐富的影像材料，分析影片呈現的台灣農村風貌，理解宣傳紀錄片在殖民地台灣放映的各種不同面向之影響，以及從現今的時空來評價其歷史的價值。

二、研究目的

日本於 1943 年 11 月 5、6 日在東京舉辦的大東亞會議，由日本、中華民國（汪兆銘）、滿洲國、泰國、菲律賓、緬甸共同擬定「大東亞宣言」。宣言

[註4] Leni Riefenstahl（1902～2003）兼具演員與舞者身份，並且以其創新的電影美學與創作被廣為注意，她最有名的電影是紀錄片《意志的勝利》，一部在 1934年為納粹黨在紐倫堡大會中所拍的宣傳電影。

[註5] Christian Delage & Vincent Guigueno 著，楊旭輝、王芳譯，《歷史學家與電影》（北京：北京大學出版社，2008 年 6 月），頁 9～10。

[註6] 〈台灣教育會第二十一回會務報告——昭和二年度會務報告〉，《台灣教育》第 314 期，昭和 3 年（1928）10 月 1 日，頁 155。

中提出的「統合」觀念，事實上凸顯了東亞各國之間「不統合」的矛盾現況。而其所強調的統合、團結等概念，其實顯露出東亞諸國與日本對於大東亞想像的不同調。〔註7〕而日治時期台灣相較於大東亞宣言所宣示的大東亞各國，雖臣屬於日本的殖民地，隸屬帝國內部的管轄範圍；但台灣位處南方孤立的海島，與連結亞洲大陸並通往中國、滿州要津的韓國不同。此外，台灣邊緣的位置也是通往大東亞共榮圈南方各國的門戶。因此處於帝國邊陲位置的台灣也可視為是帝國內：「內地／外地」、或是與大東亞各地域間：「日本／大東亞各國」的跨境空間。電影作為大眾文化的產物而言，同樣也有文化跨境上的問題。尤其是電影的產生是一連串的人力、物力、資本、產業的環環相扣所產製的文化商品（作品），殖民地台灣更有總督府的檢閱制度等的特別干涉。因此，殖民地台灣灣電影的製作、發行、公開放映的某一環節，倘遇有殖民與被殖民的文化跨境之情形時，其文本的敘事是否存在有某些元素、符碼，可供歸納研究，並作為日後分析殖民地文化的比對與參照，提供再深化研究的素材。

本書研究目的是筆者從日治時期台灣的帝國邊緣位置，試圖以不同於帝國中心的邊陲視角，自此邊陲的視角去探討殖民地的宣傳記錄片及其敘事觀點，亦即以宣傳紀錄片的文本作為研究對象，從殖民地在地的觀點與視角，來解讀在帝國邊緣發展形成的各種特殊性面向，這種殖民地的特殊性是迥異於從帝國中心來思考的殖民者態度，因此，透過本書的研究來呈現並探討兩者間的差異。而電影領域可供研究的範圍，按 LouisD. Giannetti 在《認識電影》一書中所羅列的電影各種構成，相當廣泛。〔註8〕本書所設定的研究，係以電影研究中的表演、戲劇、故事、編劇、意識形態等電影的構成為主。按程予誠《電影敘事影像美學：剪接理論與實證》所言，相同的故事給不同的導演與製片來拍製，會生產出不同的電影感受，包括演員角色的詮釋、觀眾視角與影像美學特質等考量，因此電影在說服觀眾與滿足製片投資兩者之間，形成許多的敘事結構與技巧處理的類型，並確立有關電影的結構主義與影像美學的分析方法。〔註9〕

〔註7〕 同註2，頁5～6。

〔註8〕 按 LouisD. Giannetti 在《認識電影》一書中所羅列的電影各種構成包括攝影、場面調度、運動、剪輯、聲音、表演、戲劇、故事、編劇、意識型態、理論等。LouisD. Giannetti 著，焦雄屏譯，《認識電影》台北：遠流，2005 年 6 月。

〔註9〕 同註3，頁37。

　　而由帝國邊緣位置的視點去關照並解析電影文本，除了能對文本的影像形成動機有更深切的體會，筆者也希望提供意識形態形塑的反面思維。當觀眾本身經內化產出不同於被意識形態形塑的他種思維時，也就是新的思維成形時，這些影片也就自成一個對事的敘述、陳述。而這些敘述、陳述也會因為每個觀眾，自成每個可能相同、也可能不同的敘事方式、敘事法則。筆者認為這是相當有趣在想像上、感知上的視點變化以及觀點上的徹底改變。

　　日本人手中掌握的攝影鏡頭，凡符合現代化定義的事物，即可劃入美的範疇，究竟甚麼是現代化？如何有效率地達到現代化？對殖民者而言，是一種尋求美的歷程。第四任總督兒玉源太郎與民政長官後藤新平的聯合治理下，資本主義開始大量引進台灣，最明顯的實例就是為了從事資本主義的大量擴張與殖民地經濟的掠奪，而設立的台灣銀行與台灣製糖株式會社，這些在日本人的眼裡是台灣現代化的重要基礎。〔註10〕

　　「在帝國之眼的審視下，被殖民者生活方式並不可能忠實地保留在歷史紀錄之中。被殖民者的形象與身分，可能未存在於客觀的現實裡，而是存在於帝國主義者的想像」〔註11〕。陳芳明以圖像照片為例，〔註12〕指出：「在照片所呈現的事實內容之外，恐怕才是重要歷史事件發生之處。何種事實值得攝影，何者不值得攝影，是權力掌握者經過深思熟慮之後決定的。因此照片的再呈現與不呈現，正是權力支配的極致表現」〔註13〕。

　　從前揭陳芳明的影像闡述中，可以發現研究日治時期攝影或影像作品必須注意論述切入角度的妥當性與其背後的省思問題，甚至，是否能正確的考察出殖民者是如何拿捏美學與殖民政治學置於恰到好處的合適比例，而成功的運用在殖民統治的影像宣傳上，進而釐清殖民者與被殖民者之間的權力支配脈絡之原貌，甚至從中發現如今已經消逝不復存在的歷史真實。此外，比

〔註10〕陳芳明，《殖民地摩登：現代性與台灣史觀》，（台北：麥田出版，2011年），頁272。

〔註11〕陳芳明，《殖民地摩登：現代性與台灣史觀》，（台北：麥田出版，2011年），頁265～266。

〔註12〕「相片顯示出來的意象頗富寫實主義的色彩，它幾乎是客觀事物的具體翻版，有時還比現實更具美感。相片的說服力，較諸文字力量還更強烈的原因，乃是它給人們一種眼見為真得錯覺。」參閱陳芳明，《殖民地摩登：現代性與台灣史觀》，（台北：麥田出版，2011年），頁271。

〔註13〕陳芳明，《殖民地摩登：現代性與台灣史觀》，（台北：麥田出版，2011年），頁266。

對日治時期的文學作品、攝影作品或其他紀錄片等不同的文本形式，試圖再探究《幸福的農民》影片從不同視角觀看的可能性，重新來理解這部作品的價值，是筆者對於本書撰述的期許，也希望能爲台灣文學研究略盡棉薄之力。

第二節　文獻探討

本書探討 1927 年拍攝完成的宣傳紀錄片《幸福的農民》共 3 卷，〔註14〕片長 28 分 7 秒、長度 2640 呎，是黑白 35 釐米的無聲紀錄片〔註15〕。由國立台灣歷史博物館於 2005 年委託國立台南藝術大學進行「館藏日治時期電影資料整理及數位計畫」，〔註16〕直至 2008 年 2 月底完成，並於該年 6 月開始發行以《片格轉動間的台灣顯影》爲標題的紀錄片，包括《南進台灣》、《國民道場》、《台灣勤行報國青年隊》、《幸福的農民》等四部影片（本書撰寫的過程，有關引用《幸福的農民》、《南進台灣》影片的中文影音字幕，採用《片格轉動間的台灣顯影：國立臺灣歷史博物館修復館藏日治時期紀錄影片成果》播放的版本，由洪雅文翻譯，爲求行文順暢，將不再引註出處）。

由於本書撰寫的主要內容係關於日治時期電影與文學等學科領域之研究，必須參考日治時期文獻，並對於戰後各種先行研究之成果進行回顧與探討。

一、專書、學位論文、單篇論文

日治時期電影研究相關的學位論文，較早撰寫的有以中文寫成的王文玲〈日據時期台灣電影活動之研究〉碩士論文（1994）與用日語寫成的洪雅文〈日本殖民地支配下における台湾映画界に関する考察〉碩士論文（1997）。而三澤眞美惠〈日本時代台灣電影政策之研究　1895 年～1942 年〉（1998）這篇碩士論文運用史料及考究史料的嚴謹態度，堪稱此類書寫的典範，以總督府的電影政策將電影作爲「統制工具」有詳實的探討。另外，三澤眞美惠

〔註14〕〈台灣教育會第二十一回會務報告──昭和二年度會務報告〉，《台灣教育》第 314 期，昭和 3 年（1928）10 月 1 日，頁 155。

〔註15〕《片格轉動間的台灣顯影：國立臺灣歷史博物館修復館藏日治時期紀錄影片成果》（台北：國立臺灣歷史博物，2010），頁 36。

〔註16〕國立台灣歷史博物館共典藏日治時期電影資料，總計 175 卷膠捲影片，總呎數 152,891 呎，時間總長度 1,698 分，138 件紙本「准演執照」，參閱前揭書，頁 10～11。

的博士論文〈植民地期台湾人による映画活動の軌跡──交渉と越境のポリティクス〉（2006），以被遺忘的兩位電影人，被視爲「漢奸」的劉吶鷗，與不斷被定罪爲「台灣特務」、「日本間諜」、「反革命罪人」的何非光的跨境與交涉經驗爲主要結構，而發展並旁及相關彼時電影（包括台灣電影）的運作情形、統制情況、電影產業的規模與放映活動等，甚至複雜的國族意識形態、語言交混、語言策略、殖民議題等。歐淑敏的〈日治時期台灣電影的政教功能〉碩士論文（2004），以日治時期電影作爲推展政治與教育工具的探討角度，來闡述電影擔負的文教功能使命，尤其辯士職業與電影院的依存關係與發展情形，其對於電影放映實況的影響情形十分重要，作者也有相當的篇幅予以論述。筆者對於前述日治時期電影研究的成果，檢視其與本書論述之《幸福的農民》影片有關的各項史料與當時電影活動情形，作爲本書書寫的重要參考。

有關《幸福的農民》影片的相關研究成果，傅欣奕的〈日治時期電影與社會教育〉碩士論文（2013），分別以中日戰爭前、後爲劃分，選擇《幸福的農民》、《南進台灣》、《黎明之村》、《台灣勤行報國隊》等 4 部日治時期影片爲例，聚焦於電影與社會教育關係的探討，其中對於《幸福的農民》影片的農業改良政策與總督府的社會改造宣傳有相當深入的撰述，此外，對於以電影放映作爲社會教育性質的台灣教育會、地方州廳教育課與社教團體，詳細的調查考證。傅欣奕的碩論對於本書的《幸福的農民》影片之背景論述提供了詳實的參考價值，包括台灣教育會在日治時期宣傳電影放映的成效之全面性的調查考證，還有嘉南大圳興建的工事方法研究，提供了本書在影片背景的論述方向上諸多的啓示，惟因傅欣奕的碩論本文必須處理四部影片的相關探討，因此在《幸福的農民》影片的內容分析稍嫌精簡，這部分筆者於本書的撰述有做更深入與全面性的分析探討。

謝侑恩的碩士論文〈影像與國族建構：以國立台灣歷史博物館館藏日據時代影片《南進台灣》爲例〉（2007），該篇論文運用影像文本的分析，就殖民者使用影像媒介所傳遞的「國家」、「國族」等認同的意識型態形塑與相關歷史背景的回顧，呈現了許多探討面向。作者謝侑恩在該論文第三章「帝國主義下的台灣（1895～1945）」花了許多篇幅去做歷史分期的介紹，而論及殖民者的農林資源掠奪與語言同化政策之部分時，提出《幸福的農民》影片所呈現的情形。第四章「從南進台灣檢視國族論述與影像形構」詳實的以《南

進台灣》進行文本分析與歷史研究，從拍攝年代的考證到影片內容畫面的細節等巨細靡遺的書寫，撰寫者像是導演分鏡般的展示研究成果，讓後來研究者能方便檢索影片的各別構成部分。國立臺灣史博物館委託國立臺南藝術大學音像藝術學院辦理「日據時代電影資料整理及數位化計劃」從 2005 年至2007 年修復 175 捲影片並完成數位化典藏工作，而謝侑恩的這篇碩士論文，是對這批影片中最完整、最受人注目的《南進台灣》截至目前為止最完整的研究，也是前述專案的重要研究成果之一。

　　三澤眞美惠在《帝国主義と文学》一書中，收錄了〈映画フィルム資料の歴史学的考察に向けた試論──台湾教育会製作映画『幸福の農民』（1927年）をめぐって〉單篇論文，〔註 17〕作者運用歷史學的方法，以《幸福的農民》為例，詳實的考察這部記錄片對於歷史研究的許多啓發面向。三澤的該篇論文，是最早以《幸福的農民》影片作為研究題目而對外發表的論文。

　　陳淑容、柳書琴撰〈宣傳與抵抗：嘉南大圳事業論述的文本縫隙〉單篇論文〔註 18〕（以下簡稱「陳論」），對於《幸福的農民》以影像進行治理而作為嘉南大圳事業的宣傳影片，提出在當時是具有領先性且引發的影響更是不容忽視的見解，〔註 19〕「陳論」以蔡秋桐的小說〈新興的悲哀〉等作品嘲諷嘉南大圳的各種不合理現象，認為保正作家蔡秋桐是以文學作品來進行嘉南大圳事業的反宣傳論述。同時也以台灣農民組合的抗爭運動，尤其是「嘉南大圳水租不納運動」等激烈的對抗殖民統治的水利政策呼應蔡秋桐的小說，是《幸福的農民》文本的一種悖論，陳淑容、柳書琴提示了相當精闢的論點，囿於「陳論」的篇幅限制，實應值得再更進一步的深入探討。「陳論」開創了《幸福的農民》影片與文學作品比較研究的可能性，不同於傅欣奕的碩論，「陳論」對於嘉南大圳相關的農民議題，遠至 1918 年日本內地的「搶米運動」（米騷動）到為確保「三年輪作」推行勢必進行「水的革命」之推動，而建立的「實行小組合」制度，這些都與嘉南大圳的興建有關。此外「陳論」論述台

〔註17〕三澤眞美惠，〈映画フィルム資料の歴史学的考察に向けた試論──台湾教育会製作映画『幸福の農民』（1927 年）をめぐって〉，收錄在王德威等編《帝国主義と文学》（東京：研文出版，2010 年）頁 367～393。

〔註18〕陳淑容、柳書琴，〈宣傳與抵抗：嘉南大圳事業論述的文本縫隙〉，《台灣文學學報》第 23 期，（台北：國立政治大學台灣文學研究所，2013 年），頁 178～206。

〔註19〕同註 18，頁 190。

灣農民組合對於嘉南大圳的批判，進而回應蔡秋桐的小說〈放屎使百姓〉、〈新興的悲哀〉、〈興兄〉等三部作品，確實地在小說內反映了與反抗者相同陣線的書寫策略。「陳論」對於筆者在本書的撰述上提供：包括文學作品與《幸福的農民》影片的比較方法之啓示，「陳論」僅比較蔡秋桐的文學作品，因作家蔡秋桐身分的特殊（本書第三章探討），其作品筆者必須納入作爲探討對象以外，筆者選擇更多作家的作品，也涵蓋了台灣人／日本人；男性／女性作家的小說文本，更選擇了其他日治時期靜態的攝影作品與動態的紀錄片納入探討範圍，期望能更深化「陳論」開創性的研究成果。

郭雲萍撰〈國家與社會之間的嘉南大圳──以日據時期爲中心〉碩士論文（1993），特別以嘉南大圳爲例，對於日治時期的農村社會面臨國家的支配權威是如何反應，提供詳實的研究成果，雖然該文以第三領域的水利會爲探討主軸，但也針對農民在嘉南大圳興建前後的處境提供了見解。郭雲萍的研究涉及殖民地當局、水利會、農民三方面的交涉折衝情形，是筆者感興趣的課題，並對於研究《幸福的農民》影片中農民接受嘉南大圳好處宣傳呈現的畫面，頗有啓發。陳鴻圖撰〈嘉南大圳研究（1901～1993）──水利、組織與環境的互動歷程〉博士論文（2000），該文著重於水利組織的運作如何促使嘉南大圳發揮最大效能，探討組織角色的地位，完整的提出研究成果。陳正美的《嘉南大圳與八田與一》一書，作者以長期服務於嘉南水利會期間所觀察的烏山頭水庫、嘉南大圳與八田與一的生平行誼，詳加論述，該書除了 30 餘萬字的豐富文字記錄，另有許多珍貴照片，對於本書研究《幸福的農民》的影像文本，可佐以照片參考研究。

張維正撰〈接觸、殖民與文化受容：日治時期臺灣漢人婚禮的變遷〉碩士論文（2012），全文將日治時期民間婚禮形式區分爲台式與外來宗教傳入等兩種類型，並將婚禮儀式的過程予以深入的比較與探討，來呈現殖民統治對於台灣漢人婚禮習俗變遷的關係，其中第六章撰述有關婚禮的變遷機制之分析，作者相當用心的析論變革的始末，有助於釐清複雜又相異的各種不同婚禮儀式的並存與演變過程。

邱坤良的《舊劇與新劇：日治時期台灣戲劇之研究（1895～1945）》（1992）一書，是早先台灣本土較爲完整有系統的介紹日治時期台灣戲劇發展的學術論著，尤其對於歌仔戲與新劇（文化劇）這兩種在日治時期的發展與其興衰的原因，提出了客觀的審視與闡述，尤其是書內的參考書目舉偶了大量日治

時期當時的書籍與期刊，以現今的時空來評價，仍是重要的文獻索引資料。另外，邱坤良在〈台灣戲劇史的論述與書寫——兼評呂訴上《台灣電影戲劇史》〉（2008）一文，[註20] 將 1960 年代呂訴上出版的《台灣電影戲劇史》（1961）中較不嚴謹的台灣戲劇史觀提出評論，提供重新閱讀呂訴上這部重要研究文獻時之參照。

楊東叡撰〈日治時期臺灣巫覡術士之研究〉碩士論文（2013），對於民間占卜儀式按三種分類詳實的記述，包括自然徵兆的卜卦、民間自行占卜與依照巫覡術士卜卦的儀式等，揭開了日治時期民間巫覡術士施法術的神祕儀式之活動內容。此外，對於總督府巫覡術士政策的撰述，楊東叡採用 1915 年西來庵事件為前、後分期之年代，而整理出西來庵事件前的巫覡術士有關之抗日事件，足見日治前期的台灣民間仍有根深蒂固無法改變的依賴占卜儀式的習慣。

有關的日治時期日本神道教探討相關的學位論文，有陳玲蓉撰〈日據時期臺灣宗教政策研究——以神道為中心〉碩士論文（1990）、頓宮幸子撰〈日本神道和台灣道教的比較研究〉碩士論文（1999）、呂芳麟撰〈國家神道與臺灣殖民統治〉碩士論文（2005）、胡訓嘉撰〈神道教的推行和其對臺灣社會與傳統信仰的影響——以臺中州為例〉碩士論文（2013），這些研究著重於殖民宗教政策或比較宗教的角度，論述日治時期日本神道教在台灣的發展情形。葉宜婷撰寫的〈日治時期中、短篇小說中神道與臺灣風俗信仰的書寫研究（1937～1945）〉碩士論文（2011），則嘗試以皇民化運動對於小說作品中民間信仰書寫的影響，將台灣人如何對待外來的神道信仰與自身傳統的民間信仰的並存關係，從當時這些台灣人作家的非為宗教服務的一般性文學作品中，窺見神道信仰對於民眾生活的鑿痕，對於本書宗教儀式展演的研究極有參考價值。從葉宜婷的論文中不但可理解許多皇民化運動時期民間風俗信仰態樣，尤其經過作者篩選的「具宗教意識，宗教思想不足」小說文本，這樣的選定標準是否具有代表性？或仍顯主觀因素？而該論文的書寫體例與內容確實創新，值得後進學習。

[註20] 收錄於《漂浪舞台：台灣大眾劇場年代》（台北：遠流出版，2008 年）一書，頁 341～366。

二、日治時期文獻

本書研究《幸福的農民》影片文本，係探討該影片所呈現有關農村生活、戲劇與民俗儀式等影像紀錄之研究，首先《台灣日日新報》是當今研究日治時期時事紀載與社會脈動最基本的文獻資料，也是發行量最大、持續發行時間最久的報紙。由於該報的官方色彩所致，同時仍須輔以其他文獻比對考證，以求周全。《台南新報》在戲劇資料的刊載相當豐富，並且提供不同於《台灣日日新報》的台灣南部之觀點。

《台灣民報》自 1923 年創刊起號稱是台灣人唯一的言論機構，而《台灣民報》於 1927 年獲得總督府的許可開始在台灣發行，當年也是《幸福的農民》拍攝完成的同一年，嗣 1930 年改名爲《台灣新民報》，〔註 21〕《台灣民報》對於台灣人民的啓蒙與批判時局爭取民眾權益不餘遺力。至於農民不但在嘉南大圳通水後要繳交水租與衍生的各種稅賦，從興建 1920 年興建到 1930 年完工期間也要繳交水租，造成農民的反彈抱怨，甚至對於三年輪作的實施改變農民原有的耕種習慣也有質疑的聲音，這些民情在《台灣民報》或《台灣新民報》亦有所報導。尤其 1930 年的拒繳水租運動，在《台灣新民報》發現許多當時農民運動的抗爭興情，另《台灣總督府警察沿革誌》記載著農民組合對於抗爭運動手段的史料，有助於還原實際上農民曾經對於嘉南大圳事業抗拒的負面民意，釐清當局在放映《幸福的農民》影片的正面宣傳意義之外，事實上農民實際面對嘉南大圳事業的運作所產生的不滿雜音，對於整體事業的影響程度如何？值得進一步再論證

《台灣總督府警察沿革誌》共有 6 冊是日治時期供警察人員內部參考的機密文件，尤其該書系列的第二編即《台灣總督府警察沿革誌第二編：領臺以後の治安狀況（中卷）臺灣社會運動史》記載台灣社會運動的珍貴史料，也包括台灣人從事社會運動的文化活動情形。

日治時期殖民宣傳電影的相關期刊有台灣教育會出版的《台灣教育會雜誌》、《台灣教育》雜誌，《台灣教育》可說是日治時期發行時間最長青的雜誌之一，台灣教育會是擔任社會教育的推廣單位，並成為推動宣傳殖民統治的重要機關，且大量使用電影媒介來普及殖民地的社會教育，其成效可由的該雜誌豐富的電影放映記載觀之。此外，警察機關除了擔任殖民地電影制度的

〔註21〕　《台灣新民報》自 1930 年 3 月 29 日起第 306 期，由《台灣民報》改名爲《台灣新民報》。

檢閱單位，也運用電影放映來宣傳警察統治的業務並塑造警察的形象，是日治時期官方宣傳電影的另一種類型，在《台灣警察協會雜誌》、《台灣警察時報》可考察大量的文獻記載資料。

　　1935 年 8 月創刊的《台灣藝術新報》有關電影和新劇等訊息及專欄，相當豐富值得參考。1941 年 7 月創刊的《民俗台灣》雖然出版於戰爭期間，卻紀錄了本島民間的民俗收集與調查研究，難能可貴的是，在時局動員的情勢與皇民化運動進行的同時，該刊物仍然保有採集殖民地民俗的高度關懷，殊屬難得。

第三節　研究方法

　　日治時期台灣電影的研究現況，多依賴先行研究者的研究成果，再予以深化研究，較少另闢新的研究議題開創不同的路徑。因此當筆者在構思本書的文獻使用與研究方法時，期望能在現有的先行研究之外，運用多種客觀的其他研究路徑有系統的從事本文的研究，並選擇以「文獻分析法」作為研究方法：

> 在一定限度內，透過對蒐集而來的文獻資料的整理、分類、綜合、比較、歸納與分析。〔註22〕

　　研究方法上，因電影與文學作品其觀者／讀者的解讀方式不同：

> 讀者解讀一部小說時，他處於主動地位，作品必須經過讀者自己的想像和連繫才能得以顯現其意義；電影卻使觀眾處於被動地位，觀眾還來不及想像就被迫接受電影鮮明的畫面……它是一種文化複製工業，可以由機器大量複製。電影已不再是消極的人類回憶或思考的載體，而是以強大的敘事權威重構著民眾的記憶。〔註23〕

有鑑於電影與文學作品的解讀方式不同，筆者將就研究範圍內的影像文本的畫面逐幕分析，對於電影敘事中的敘事語式、敘事語態、敘事時態等詳加分析，並對於影片中的文字字幕進行整理。另也參照其他相關記載的報紙、期刊、文獻、前人研究成果等。

　　本書係以探討電影文本為主，運用電影理論及其他文學理論為基礎進行

〔註22〕孟樊，《論文寫作與方法》，（台北：五南出版，2009 年），頁 100。
〔註23〕樂黛云序，姚曉濛著，《電影美學》台北：五南出版，1993 年。

研究。尤其是歐美的電影理論如何被正確地援用至日治時期殖民地的電影研究，必須特別考量電影在殖民地生成的歷史脈絡，以及殖民統治特殊的政經環境，不可生硬的直接移植到台灣的電影研究。

> 殖民地統治不但具有普遍性和類似性，與此同時也有個別性和特殊性。更何況日本是亞洲唯一的殖民宗主國，其殖民地統治方針形成的經過、結構和特色，皆異於歐美各國。〔註24〕

陳培豐提出上述的研究途徑，認爲戰後有關日治時期台灣「同化」研究過於強調殖民統治政策的普遍性，而忽視殖民地在地的特殊性。〔註25〕同樣地，本書的撰寫除了前述運用歐美電影理論的研究方法必須因地制宜的援用移植到台灣電影史的研究，在撰述過程中面對不同形式的小說、圖像、影片的文本分析，透過檢視殖民地在地的特殊性，試圖能精確地反映出歷史事實、發現創作者更多面向的全貌。

　　本書在檢索日治時期文獻的過程中發現，從遠端電腦輸入關鍵字檢索，諸如日治時期期刊、書籍等，雖能透過電子資料庫迅速有效率的搜尋到經電子掃描的目標客體。亦即鍵入關鍵字於電腦鍵盤，按下滑鼠，顯示器上即出現文獻的片段頁面，似乎缺少了曩昔紙本的檢索經驗，是經由翻閱復刻本或微縮膠片的過程中，一步步地接近目標客體，其實也瀏覽了周邊的資料，甚至意外的發現新的線索，深化了研究者的視野。因此從周邊到中心的檢索史料之研究方法，亦應用在本書的撰寫過程中，尤其：

> 就質性研究的屬性而言，可以說其寫作本身即等於研究行動，蓋意義的理解與詮釋即寓於寫作的過程裏，不像量化研究或實驗室研究那樣，論文的撰寫只是其結果的記錄或記載。〔註26〕

透過從周邊到中心的檢索史料之研究方法，其實更能看清楚研究對象的全貌與脈絡，從遠端的電子資料庫的檢索的史料蒐集方法與前往圖書館翻閱復刻本或微縮膠片的研究過程中，即可驗證。

　　而撰寫的章節也有涉及後殖民理論、性別研究、宗教學、民俗研究、翻譯學、戲劇原理等論述，因此跨領域的理論援引在本書顯得重要。盼能由精準的跨領域理論援引，掌握正確的研究方法順利完成本書之撰寫。

〔註24〕陳培豐著，王興安、鳳氣至純平編譯，《「同化」的同床異夢：日治時期台灣的語言政策、近代化與認同》，（台北：麥田出版，2006 年），頁 21～22。

〔註25〕同前註，頁 21。

〔註26〕孟樊，《論文寫作與方法》，（台北：五南出版，2009 年），頁 108。

第二章　《幸福的農民》的影片背景

　　1927 年《幸福的農民》完成製作與放映的這一年，該年 1 月台灣文化協會召開的臨時大會造成左傾的王敏川等人取得主導，致使林獻堂、蔣渭水等人的退出，也促成蔣渭水等籌組台灣人第一個政黨「台灣民眾黨」的成立。此外 1927 年日本內地正值「大正民主」風潮後的隔年（昭和 2 年），電影也是作爲大正文化基礎的大眾文化特徵的主要大眾消費選項之一。納粹德國在 1927 年攝製第一部有關黨的宣傳紀錄片，開啓了納粹政權使用電影的魅力及其大眾宣傳的潛力鞏固國家意識形態的濫觴。1927 年這一年開始，電影的發展進入了有聲電影的時代，亦即商業性的有聲電影成爲電影產業的主流，取代過去默片時代的無聲電影。

　　日治時期台灣官方紀錄片的拍攝製作與放映，積極的作爲服膺殖民政權統治的有效宣傳工具，從愛國婦人會台灣支部到台灣教育會的深入各州廳基層的巡迴放映活動，以及各州廳自行辦理或透過地方團體的放映活動，乃至於因應戰時體制而整合成爲台灣映畫協會繼續宣傳電影的放映活動。而以上這些官方色彩濃厚的團體，其對於紀錄片的拍攝製作與放映的態度，超出該團體本身的事業目的，進而從事殖民統治的政治宣傳目的。1927 年前後台灣文化協會、美台團等非營利的電影放映活動，相對於官方團體深入全島各州廳基層的宣傳電影放映實力，兩種不一樣意識形態的宣傳電影放映事業，是否影響著觀眾觀影的選擇或回應的態度，頗耐人尋味。

第一節　明治大正年間台灣紀錄片的主要發展

　　根據目前現有的文獻記載，台灣最早公開放映電影的紀錄是明治 32 年

（1899）8月4日起為期兩天在大稻埕蘆竹角街的電影放映活動，當時稱電影為「西洋演戲大幻燈」。〔註1〕接著在同年9月8日連十天在台北十字館上映「米西戰爭」（美西戰爭），〔註2〕翌年（1900）6月12日由日本法國自動幻畫協會幹事大島豬市在台北北門街「十字館」放映電影一週，嗣後6月16日由日本人電影技師松浦章三在淡水館放映法國盧米埃兄弟拍攝的《火車進站》、《海水浴》、《軍隊出發》、《工人下班》等短片，松浦章三放映時也擔任解說，是台灣最早的辯士。〔註3〕

前述放映的影片中，1895年盧米埃兄弟拍攝的《工人下班》不但是今日電影的鼻祖，也是第一部產業簡介片，因為影片拍攝的畫面正是盧米埃製作電影器材的工廠。此外，《火車進站》這部片是將攝影機架設在月台邊緣，火車入站、停車、旅客上下車站的實景、給觀眾如臨三度空間的透視感，栩栩如生身歷其境的臨場感。〔註4〕值得注意的是，大島豬市是台北大阪商工會發起人之一，是具有生意頭腦的實業家，松浦章三不但是電影技師又是最早出現在台灣的辯士。具有資金觀念的大島豬市，加上電影技師松浦章三的電影放映技術與現場解說，而放映的影片又是電影史上重要的經典作品。資金、技術、作品三種電影重要的元素同時在殖民地台灣出現，以電影引進台灣發展的起步開端而言，可說是相當難得的經驗。

高松豐次郎於1901年應首相伊藤博文與民政長官後藤新平的邀請來台灣放映電影，巡迴台灣放映關於「英杜戰爭」（波爾戰爭）、北清事變（八國聯軍）等影片〔註5〕，使用電影方式播放如八國聯軍被打敗等題材的影片，其目的在切斷台灣人與中國的臍帶，因此，與後藤新平建立「揚文會」以取得台灣文人對殖民政權的理解與合作相似，電影亦扮演著攏絡台灣仕紳的功能。〔註6〕1905年高松豐次郎以「日俄戰爭」影片在台灣各地巡迴放映，是

〔註1〕 於明治32年（1899）8月4日、8月5日刊登於《台灣日日新報》第四版的廣告，其廣告標題為「西洋演戲大幻燈」。

〔註2〕 〈十字館的活動寫真〉，《台灣日日新報》，明治34年（1901）9月8日第五版。

〔註3〕 參閱網站「台灣電影數位典藏資料庫」，網址：http://www.ctfa.org.tw/history/index.php?id=1091（最後瀏覽日期2015年1月14日）。

〔註4〕 李道明，《紀錄片：歷史、美學、製作、倫理》（臺北：三民書局，2013年），頁15～18。

〔註5〕 〈激戰活動寫真會〉，《台灣日日新報》，明治34年（1901）10月23日第五版。

〔註6〕 參閱李道明，〈戰前與戰時台灣教育會與殖民政府的電影運用〉，「第一屆台灣與亞洲電影史國際研討會：1930與1940年代的電影戰爭」會議論文（時間：

由愛國婦人會主辦，台灣總督府協辦的放映活動。日俄戰爭自 1904 年 2 月 8 日開戰迄自 1905 年 9 月 5 日結束，〔註 7〕日俄戰爭期間，當局對於殖民地台灣的戰況宣傳不遺餘力，例如 1905 年 1 月日俄戰爭正如火如荼的交戰中，1 月 18 日高松豐次郎拿到自海運輸入的「日俄戰爭」影片，隨即於兩天後的 1 月 20 日開始在「台北座」劇場放映，影片內容包括甫發生的旅順海戰、南山攻擊、旅順市街砲擊戰等戰事實況，且每場放映時間超過一小時。〔註 8〕而在「台北座」的放映期間，每晚都觀眾爆滿，造成非常熱烈的迴響，〔註 9〕6 月 24、25 日兩天在台北三峽地區還創下各三千人至五千人的票房，當影片播出佔領某地或是擊沉敵艦的戰況，全場給予熱烈的鼓掌喝采。〔註 10〕高松豐次郎巡迴放映「日俄戰爭」影片，這種結合帝國本身重大新聞事件，尤其是國際事件，並企圖扭轉當時各界並不看好的日本戰情，營造自日清戰爭贏得勝利後，帝國又將在日俄戰爭中凝聚同仇敵愾的愛國氣氛，奮勇襲敵獲得最終勝利的期望，透過電影的宣傳，運用使其能成為認同帝國，教化殖民地的素材。

　　1907 年高松豐次郎接受台灣總督府的委託拍攝《台灣實況紹介》，是一部介紹台灣一百多個景點的紀錄片，也是台灣第一部自製的影片，同年送至東京勸業博覽會第二會館的台灣館放映，〔註 11〕並在帝國議事堂等內地各處放映。日治時期殖民者對於電影作為一種宣傳工具，除了針對台灣內部的殖民統治宣傳以外，還可在內地進行殖民統治成果的宣揚。李道明指出在台灣教育會於「1917 年成立機關自身的電影製作機構後，仍持續舉辦過數次的大規模巡迴日本的『台灣事情紹介』演講會暨電影放映會，介紹台灣的現況」〔註 12〕。因此

2015 年 10 月 31 日～11 月 1 日，地點：國立台北藝術大學），頁 4。

〔註 7〕 日俄戰爭始自於 1904 年 2 月 8 日日軍偷襲旅順口，2 月 9 日俄國對日宣戰，2 月 10 日日本正式對俄宣戰，日俄戰爭全面爆發。日俄雙方於 1905 年 8 月 10 日開始在美國的朴次茅斯附近開始停戰談判，並在 9 月 5 日達成和平協議，是謂朴次茅斯和約。參閱維基百科網站，網址：https://zh.wikipedia.org/wiki/%E6%97%A5%E4%BF%84%E6%88%98%E4%BA%89（最後瀏覽日期 2015 年 1 月 14 日）。

〔註 8〕〈日露戰爭の活動寫真〉，《台灣日日新報》，明治 38 年（1905）1 月 19 日第五版。

〔註 9〕〈淡水館の活動寫真〉，《台灣日日新報》，明治 38 年（1905）1 月 25 日第五版。

〔註 10〕〈三角湧の活動寫真〉，《台灣日日新報》，明治 38 年（1905）6 月 28 日第五版。

〔註 11〕〈台灣紹介の活動寫真〉，《台灣日日新報》，明治 40 年（1907）5 月 12 日第五版。

〔註 12〕 參閱李道明，〈戰前與戰時台灣教育會與殖民政府的電影運用〉，「第一屆台灣

高松豐次郎拍攝的《台灣實況紹介》開啟了台灣自製的影片至內地巡迴放映的模式。

　　根據傳欣奕的研究，為因應日俄戰爭，鼓吹國民奉公之政策，從 1905 年至 1906 年間「台灣慈善婦人會」〔註13〕在台灣西部各地區盛大舉行慈善募款音樂會，並於活動內放映電影。此外，從 1909 年起因應台灣總督府對泰雅族的討伐行動籌募經費，「愛國婦人會台灣支部」〔註14〕與高松豐次郎的「台灣同仁社」合作巡迴台灣各地舉行慈善電影放映會，從 1910 至 1915 年間巡迴台灣各地放映，其中包括三次派遣技師隨同「隘勇線前進隊」深入山區拍攝蕃地討伐的影片，作為宣傳與慈善募款之用。〔註15〕「愛國婦人會台灣支部」的電影放映活動，尤其支部本身具有總督府官方強烈色彩與背景的運作之下，在殖民統治初期扮演官方鎮壓蕃人的政策宣傳與慈善募款的功能，此外，在與高松豐次郎團隊的合作之下，數年間巡迴台灣密集的公開放映電影，也讓更多的台灣人初次認識了電影這個摩登的新事物，累積了觀影的經驗。

　　總督府對於使用電影作為官方的宣傳工具，除了委託「愛國婦人會台灣支部」的電影拍攝製作或辦理電影放映活動以外，另外一個官方色彩濃厚的團體即是「台灣教育會」。1900 年 6 月為順利推行「國語」同化教育，日本教育相關人員成立「台灣教育會」，1901 年 7 月 21 日始發行機關誌《台灣教育會雜誌》〔註16〕，是一份以普及國語教育為宗旨，具有濃厚官方色彩的雜誌，內容充實吸引許多台灣知識份子成為其讀者。〔註17〕該雜誌曾揭示「台灣教

與亞洲電影史國際研討會：1930 與 1940 年代的電影戰爭」會議論文（時間：2015 年 10 月 31 日～11 月 1 日，地點：國立台北藝術大學），頁 5。

〔註13〕「台灣慈善婦人會」由民政長官後藤新平的夫人後藤和子擔任委員長（會長），參閱〈慈善音樂會の開催〉，《台灣日日新報》，明治 37 年（1904）10月 7 日第五版。

〔註14〕1904 年 2 月成立「愛國婦人會台灣支部」，首任支部長由民政長官後藤新平的夫人後藤和子擔任，歷任支部長與支部副長全由日本女性擔任，而歷任的顧問為民政長官或總務長官本人、總督夫人、軍司令官夫人等擔任，足見其充滿濃厚的官方色彩。參見《愛國婦人會台灣支部貳拾五年》（臺北：愛國婦人會台灣支部，1929 年），頁 1～10。

〔註15〕傳欣奕，《日治時期電影與社會教育》（台北：台灣師範大學台灣史研究所碩士論文，2013 年），頁 21～26。

〔註16〕1912 年 1 月第 117 號將《台灣教育會雜誌》改稱《台灣教育》一直發行至 1943年，是日治時期發行時間最長的雜誌之一。

〔註17〕陳培豐，《想像和界線—台灣語言文體的混生》（臺北：群學出版，2013 年），頁 45～48。

育會」成立的目的是爲圖謀台灣教育的普及改進之道。〔註18〕因此早期「台灣教育會」主要從事推廣國語教育普及的功能，至1914年在該會的通俗教育部開始展開電影的放映活動，〔註19〕強調爲普及通俗教育的目的，而開始使用放映電影的方式來推廣殖民地通俗教育的普及事業，也就是殖民地官方運用電影作爲社會教育的功能。

　　舉例來說，1916年該會舉行放映的大正天皇登基典禮實況影片「御大禮活動寫眞」，更是利用電影的通俗教育功能，將國家主義從通俗教育中抽離，刻意塑造近代天皇制度就是國家主義之中心思想的形象，〔註20〕意圖教育殖民地民眾身爲帝國子民認識日本國體的必要性，發揮電影作爲社會教育功能的極致手段。三澤眞美惠舉例《台灣教育》167期卷首插圖刊登的照片：「御大禮活動寫眞拜觀」、「國語學校附屬女學校第二回雛祭」，〔註21〕從照片呈現出男女老少拘謹又嚴肅的儀式性觀影情形，其觀影本身即具有儀式性，彷彿觀眾是在天皇登基典禮的現場般目睹國家盛大典禮。另外，同樣由「台灣教育會」拍攝作爲宣傳皇室形象的裕仁皇太子訪台的「東宮行啓」〔註22〕影片，台灣教師劉克明在《台灣教育》撰文有關皇太子御駕來台的事件，〔註23〕形容台灣人乃蒙帝國延長主義一視同仁的恩澤，提醒讀者須藉此千載一遇的好機會，宣揚帝國國恩待我之厚，同時也是從事教育者的責任所在。可以想像有計畫地運用電影工具放映帝國天皇的登基儀式或皇室在台灣的參訪等，塑造日本帝國最權力核心的形象影片，企圖強力灌輸並改造台灣人的認同思想。「台灣教育會」在處於殖民統治委託的崗位上，而使用電影傳播方式來推動愛國忠君的社會教育任務，無疑是影響深遠的。

　　從《台灣教育》1917年11月在台中舉行的衛生博覽會聘請來自內地的荻屋堅藏〔註24〕擔綱攝影師前來拍攝，〔註25〕可以發現「台灣教育會」的組織

〔註18〕　〈台灣教育會規則〉，《台灣教育會雜誌》第一號，明治34年（1901）7月20日。
〔註19〕　〈通俗教育の普及活動寫眞の利用〉，《台灣日日新報》，大正3年（1914）9月24日第七版。
〔註20〕　三澤眞美惠，《殖民地下的銀幕——台灣總督府的電影政策之研究》（臺北：前衛出版，2002年），頁128～132。
〔註21〕　〈口繪〉，《台灣教育》第167期，大正5年（1916）4月1日，卷首插圖。
〔註22〕　裕仁皇太子於1923年4月16日起訪台共12天。
〔註23〕　劉克明，〈恭迎東宮鶴駕〉，《台灣教育》第251期，大正12年（1923）4月1日。
〔註24〕　武昌起義爆發，孫中山友人梅屋莊吉籌組醫療團隊至起義前線，派遣攝影師荻屋堅藏到武昌拍攝膠片和照片，參閱孫中山故居紀念館網站：http://www.sunyat-sen.org:1980/b5/www.sunyat-sen.org/zxdt/showwb.php?id=53779（最後瀏

部門：「通俗教育部」開始著手招聘內地攝影師至島內拍攝該會的自製影片，〔註26〕甚至將招聘的內地攝影師姓名刊登於《台灣教育》雜誌內。〔註27〕此外傅欣奕依據《台灣教育》的統計調查，「台灣教育會」自1922年起，陸續於台灣各地舉行電影相關技術的講習會並培育電影放映的技術人才，此後各州廳、團體亦自行辦理類似的活動。〔註28〕

至於台灣人自行經營以普及社會教育為宗旨的電影放映活動，是由1921年成立的台灣文化協會對島內人民進行各種啟蒙宣傳教育，除了以《台灣民報》作為宣傳工具的機關誌，在各地設置讀報社，也舉行各種啟蒙性質的文化演講活動，而電影放映活動始自1926年成立該會的「活動寫真部」，所播放的影片是以能提升民眾的文化水平為考量〔註29〕。三澤真美惠根據以蔡培火為中心成立的「活動寫真部」，及其政治立場的變動，將台灣文化協會的電影活動區分為「台灣文化協會活動寫真部」時期（1926年）、「台灣民眾黨宣傳」時期（1927年）、「美台團」時期（1928～1929年、1933年）。〔註30〕日治時期官方刊物《台灣總督府警察沿革誌》揭載關於蔡培火於1926年已洞察出電影宣傳具有大眾性效果的眼光，主動購買放映機器與影片供巡迴電影會放映，文中敘述當時台灣的鄉下人對於電影相當好奇，並獲得超過預期的宣傳效果。〔註31〕此外，文協的講習會或演講對於文盲或知識水平較低的農工階級較難收到預期的效果，而在鄉下使用電影放映的方式，除了讓民眾感到新奇以外，再加上辯士的說明，總能收到超過預期的成績。〔註32〕蔡培火甚至為「美台團」製作團歌，歌詞盡是頌揚台灣的本土意識，「美台團」的電影

覽日期2015年4月1日）
〔註25〕〈會報〉，《台灣教育會雜誌》第185號，大正6年（1917）11月1日。
〔註26〕〈通信彙報〉，《台灣教育會雜誌》第183號，大正6年（1917）9月1日，頁53。
〔註27〕該文提及該會的通俗教育部招聘來自東京的電影技術者荻屋堅藏，參閱〈會報〉，《台灣教育會雜誌》第183號，大正6年（1917）9月1日，頁64。
〔註28〕傅欣奕，《日治時期電影與社會教育》（台北：台灣師範大學台灣史研究所碩士論文，2013年），頁35。
〔註29〕〈文協活動寫真出世〉，《台灣民報》第101號，大正15年（1926）4月18日，頁7。
〔註30〕三澤真美惠，《在帝國與祖國的夾縫間——日治時期台灣電影人的交涉與跨境》（臺北：台大出版中心，2012年），頁125。
〔註31〕王詩琅譯，《台灣社會運動史—文化運動》（臺北：稻香出版，1988年），頁284。
〔註32〕葉榮鐘，《日據下台灣政治社會運動史（下）》（臺中：晨星出版，2000年），頁361。

放映活動確實發揮了由台灣人自主的啟蒙殖民地民智的功能：

> 「美台團」所映寫的大都是學術或記錄的映畫，利用映象及說明使
> 觀眾由眼睛及耳朵去接受智識，其啟蒙的效果更加切實而具體，文
> 化協會的啟蒙運動至此可以說進入了一個新的境界……。〔註33〕

從明治 32 年（1899）年電影開始在台灣放映一直到大正年間，電影在台灣自開端到發展的四分之一世紀之歷程裡，尤其是作為殖民者向被殖民者的宣傳工具而言，這一功能是相當強大的。根據研究：

> 電影的萌芽階段正好和帝國主義發展的頂點一致，包括電影的萌芽
> 與心理分析的萌芽、國族主義的興起、消費者主義的出現等一致或
> 巧合。譬如盧米埃兄弟和愛迪生在 1890 年代電影的發明與放映是緊
> 跟在一些事件之後。〔註34〕

而電影在台灣的發展也恰巧複製了前述所謂與帝國主義發展的頂點一致，在亞洲世界中，日本通過日俄戰爭，使之成為自工業革命後能夠打敗歐洲白人強權的唯一黃種人民族。而且日本不但於先前的日清戰爭中，自中國取得金額龐大的賠款與第一個海外殖民地——台灣，又基於日俄戰爭的勝利，再進一步自樸資茅斯條約中取得韓國與南滿的權益。林明德指出日俄戰爭對日本的影響不但奠定了軍國主義的基石，開始產生輕視東亞諸民族的優越感，另外又以「不能失去滿洲」、「滿洲聖地傳說」等口號，醞釀外在的危機意識，成為對外侵略的正當性訴求。〔註35〕另一方面，台灣人從事的是以地區性為主的小規模抗日活動，而朝鮮人則著手於全面性的恢復國家主權獨立的抗爭，〔註36〕因此日本在發展海外的帝國主義於殖民統治上的策略因應是不同的。日本帝國主義的海外發展之際，也是電影在台灣的萌芽發展階段，無論是帝國對外商業資本的掠奪或是海外勢力範圍的擴張，電影對民間而言不但是一種新興的娛樂事業，更是國家國策宣傳協力帝國主義發展的利器，特別

〔註33〕 葉榮鐘，《日據下台灣政治社會運動史（下）》（臺中：晨星出版，2000 年），頁 362。

〔註34〕 這些事件包括：爆發於 1870 年代末期的搶奪非洲、1882 年的英國占領埃及、1890 年代在美國的原住民蘇族大屠殺等無數帝國主義造成的災難。參閱 Robert Stam 著，陳儒修、郭幼龍譯，《電影理論解讀》，（台北：遠流出版，2002 年），頁 34～35。

〔註35〕 林明德，《日本近代史》（臺北：三民書局，1996 年），頁 161～162。

〔註36〕 井上清著，宿久高譯，《日帝國主義的形成》（臺北：華世出版，1987 年），頁 216。

是電影在台灣的發展初期與日本帝國主義的發軔兩者有密不可分的關係。

「愛國婦人會台灣支部」或「台灣教育會」的電影宣傳政策或放映活動，本質上是由官方掌握，在殖民統治的政治目的高於其他目的的指導原則之下，透過宣傳電影在明治、大正年間遂行其教化殖民地的任務。此外，警察機關掌握日治時期台灣的電影檢查統治情形，除了後期（1937 年以後的戰爭時期）配合戰爭時局的總動員體制，進行積極性的「情報宣傳」嚴密統治以外。所謂前期是由警察機關認為電影內容違反當局政策的消極性警察取締的時期。〔註37〕尤其在默片時期，警察對於電影放映場所的臨檢方針，應特別注意現場觀眾的反應：

> 由警視廳檢閱係長橘高廣提出的警察臨檢電影放映或戲劇的原則，強調因戲劇或電影的內容已經事先檢查，所以臨檢時應把重點放在現場觀眾的反應或共鳴，即所謂臨檢的注意力分「三成於舞台上；七成於觀眾」。〔註38〕

根據三澤真美惠的研究指出：

> 若要探究官方利用電影做為宣傳政策的發展過程，也必須觀察從統治初期即持續地舉行以電影為主的活動、並系列性地發行相關出版品的組織，而教育界與警察界是較早舉行放映電影活動，且包括其刊物的報導內容均是經過事先檢查後才發行的，充滿著官方的見解。〔註39〕

至於由台灣人自發性的為啟發民智而倡議成立的台灣文化協會，為專司放映電影而另外成立的「美台團」，是唯一不以營利為目的的台灣人電影放映活動，「美台團」的電影活動從 1926～1929 到 1933 年終止。因此「美台團」活耀的期間，殖民地島內同時存在兩種路線的宣傳電影，官方與民間的兩種路線並存發展，是由不同民族（殖民與被殖民）的本位主義思維來統籌電影放映活動，於不同路線的宣傳意識裡多元呈現了殖民現代性、國族認同、殖

〔註37〕三澤真美惠，《殖民地下的銀幕——台灣總督府的電影政策之研究》（臺北：前衛出版，2002 年），頁 81～120。

〔註38〕原刊載於〈臨監席について〉，《台灣警察協會雜誌》84 期（1924 年 5 月）。參閱三澤真美惠，《殖民地下的銀幕——台灣總督府的電影政策之研究》（臺北：前衛出版，2002 年），頁 97～98。

〔註39〕三澤真美惠，《殖民地下的銀幕——台灣總督府的電影政策之研究》（臺北：前衛出版，2002 年），頁 123。

民地自治、文化啓蒙等意涵，提供當時殖民地觀眾不同的觀影經驗，1927 年放映的《幸福的農民》，正處於「美台團」活耀的時期裡。

此外，相對於台灣，日本內地在 1928 年全日本無產者藝術聯盟（NAPF）成立後，日本無產者電影同盟（NCPF）也接著成立，直到 1932 年受到鎮壓才改爲地下。「**日本左翼發展的普羅電影（プロキノ）做爲日本獨立電影的先驅，普羅電影的嘗試彌足珍貴**」〔註40〕，左翼色彩的電影彼時在日本內地曾造成一股前衛的風潮，而受限內台不一的台灣殖民統治現實與島內嚴格的電影檢查制度，尤其由「愛國婦人會台灣支部」或「台灣教育會」等官方扶持的團體掌握宣傳電影的放映事業，此外電影是結合資本與科技的複雜工業，門檻頗高，左翼電影的思潮並未像其他左翼運動能夠順利地從內地引介至台灣發展。另根據三澤眞美惠的研究指出，文協與美台團辦理電影放映活動時，現場解說的辯士不只是抗日、具有民族主義的意識，還具有左翼的思想：

　　……這些比文協與美台團還要前衛、尖銳的解說——不只批評日本支
　　配者，同時也批評台灣資產階級，已給觀眾留下深刻的印象。〔註41〕

1927 年放映的《幸福的農民》，正處於「美台團」活耀的時期裡，亦即，《幸福的農民》的觀眾可能也曾經看過「美台團」放映的影片，面對電影這種新媒體，同時接收自官方的宣傳與由台灣人自主的宣傳，觀眾的回應如何，頗耐人尋味，值得進一步探索。

第二節　《幸福的農民》影片及其周邊背景

按「台灣省五十年來統計提要」記載，統計 1927 年底全島從事農業人口共有 398,903 戶、2,401,816 人，其中全島人口共有 4,337,000 人（含本島人、外省人、日本人），〔註42〕從事農業人口佔全島人口比例的百分之五十五，是故超過一半的人口在從事農業耕作的相關產業，因此農業發展對於殖民經濟

〔註40〕四方田犬彥著，王眾一譯，《日本電影 100 年》（北京：三聯書店，2007 年），頁 74～75。

〔註41〕三澤眞美惠，《在帝國與祖國的夾縫間——日治時期台灣電影人的交涉與跨境》（臺北：台大出版中心，2012 年），頁 129。

〔註42〕參考「台灣省五十一年來統計提要（1894～1945）」，網址：http://twstudy.iis.sinica.edu.tw/twstatistic50/（最後瀏覽日期 2015 年 11 月 30 日）。

體制的重要性，如此可見一斑。

　　1927 年台灣學齡前兒童就讀國民學校（公學校、小學校）的比例是百分之二十九點一八（統計至 1927 年底，學童共有 246,625 人 [註43]），惟鄉下地區真正有能力就讀公學校者，多屬地主或富農的子弟，一般貧窮的自耕農或佃農等子弟較無機會入學。[註44] 此外，1927 年當年台灣全島統計的家戶交通工具狀況，共有腳踏車 81460 輛、人力車 3784 輛；貨車類共有 68441 輛，其中包括：牛車 44723 輛、改良牛（馬）車 16944 輛、其他貨車 6774 輛；而全島的客車數量共有 697 輛，其中包括：自用客車僅 117 輛、營業用客車僅 580 輛；至於全島的卡車數量共有 304 輛，其中包括：自用卡車僅 106 輛、營業用客車僅 198 輛。[註45] 除了專供個人使用的腳踏車以外，牛車在當時仍屬主要的運輸工具。

　　1927 年由台灣教育會製作完成的《幸福的農民》，在當年該會自行製作 19 種影片（含《幸福的農民》3 卷）共 39 卷；自外購入影片 3 種共 6 卷。而當年（1927）該會所有影片巡迴本島各州廳放映共 1,050 回、觀眾 872,340 人；其中台南州放映 304 回、觀眾 316,760 人，觀眾人數居本島各州廳之冠。[註46] 而隔年（1928）該會自行製作 19 種影片共 41 卷；無購入影片。而 1928 年該會所有影片巡迴本島各州廳放映共 732 回、觀眾 546,026 人；其中台南州放映 71 回、觀眾 69,600 人，不但放映次數是前一年的 1／4，觀眾人數也銳減了 3／4 以上，台南州在放映次數與觀眾人數排名本島各州廳的第三名，統計數量更是落後於第一名的高雄州與第二名的新竹州許多。[註47] 1927 年《幸福的農民》製作完成時，因該部作品係使用當時最先進的傳播新媒材——「電影」作為載體，比起其他的宣傳方式（文字、口述、廣播放送等媒材）更能夠迅速達到推廣嘉南大圳事業對於農民及相關人員之宣導效果，而

[註43] 同前註。

[註44] E. Patricia Tsurumi 著，林正芳譯，《日治時期台灣教育史》，（宜蘭：仰山基金會，1999 年），頁 126～128。

[註45] 同註 42。

[註46] 觀眾人數第二名的新竹州，觀眾人數僅 220,680 人；第三名的高雄州，觀眾人數僅 146,800 人〈台灣教育會第二十一回會務報告——昭和二年度會務報告〉，《台灣教育》第 314 期，昭和 3 年（1928）10 月 1 日，頁 154～155。

[註47] 第一名的高雄州共放映 222 回、觀眾人數 148,800 人；第二名的新竹州共放映 202 回、觀眾人數 147,720 人，參見〈台灣教育會昭和三年度會務報告〉，《台灣教育》第 331 期，昭和 5 年（1930）2 月 1 日，頁 133。此外 1929 年以後的統計資料，經查閱《台灣教育》並無統計各州廳的觀眾人數。

根據 1927 年 7 月與 10 月《台灣日日新報》的報導：

> 台灣教育會活動寫眞班。曩爲紹介嘉南大圳。撮影幸福之農民。全三千尺。其内容頗豐。大體爲農事改良。獎勵等々。曾上映數次。大受觀客歡迎云。〔註48〕

> 嘉南大圳爲宣傳事業。自去十一日起一週間。每夜於新豐郡安順。永康各庄間映巡回電戲。就中影片多有關於社會教化趣劇。鄉民觀者眾。〔註49〕

再佐以前揭觀眾人數之統計情形，1927 年當年先行在嘉南大圳工程所在地的台南州放映，獲得觀眾熱烈的回響。

　　值得注意的是攸關電影檢查的法令是在 1926 年 7 月制定發布的〈活動寫眞フイルム檢閱規則〉（電影檢查規則）〔註50〕開啓了台灣電影檢查事權統一的法制化，《幸福的農民》於隔年的 1927 年放映，適用這套電影檢查規則的檢查標準，惟本書前一節所述關於從 1914 年在該會的通俗教育部開始展開電影的放映活動以降，台灣教育會是掌握島內電影作爲社會教育功能之主要機關，而且該會除了自外購入影片放映之外，本身即具備拍攝並製作電影之能力。此外三澤眞美惠指出台灣教育會本身雖然失去電影活動的創意，但是整體的電影政策卻是向法西斯的表現靠攏。〔註51〕其實可以從台灣教育會發行的機關誌《台灣教育會雜誌》、《台灣教育》〔註52〕長達 40 多年的發行期間，龐大的教育推廣與電影活動的報導看出端倪。再者，從《幸福的農民》影片展現的內容是完全服膺於推廣嘉南大圳事業之宗旨，所以法制化以後的「電影檢查規則」其實對於台灣教育會自行拍攝製作的許多影片，並無發揮多少規範上的影響力。

　　昭和 2 年（1927）正是日本本土「大正民主」風潮後的隔年，大正文化除了帶來日本內地一連串的民主政治體制的改革政策，也相繼影響了殖民地台灣及朝鮮的民族主義發軔，促成 1919 年的朝鮮三一獨立運動，也推動了自

〔註48〕〈台灣教育會活寫紹介嘉南大圳〉，《漢文台灣日日新報》夕刊，昭和 2 年（1927）7 月 8 日第四版。
〔註49〕〈宣傳電戲〉，《漢文台灣日日新報》，昭和 2 年（1927）10 月 14 日第四版。
〔註50〕1926 年 7 月台灣總督府府令第五十九號。
〔註51〕三澤眞美惠，《殖民地下的銀幕——台灣總督府的電影政策之研究》（臺北：前衛出版，2002 年），頁 165。
〔註52〕《台灣教育會雜誌》於 1901 年 7 月 20 號創刊，迄至第 116 號，並於 1912 年 1 月 1 日第 117 號起改名爲《台灣教育》。

1921 年至 1934 年止提出了 15 次的台灣議會設置請願活動。

　　當時世界貿易的網絡中，位處邊陲地區的亞洲，獨自發展出亞洲內部的貿易系統，而日本對外貿易的發展非常依賴亞洲市場。而大正時期日本貿易的結構可分為三個環節，〔註 53〕對殖民地圈的貿易包括朝鮮、台灣和中國大陸屬於第三環結，日本從第三環結國家進口原料和食糧，並向其出口近代工業品，到了 1930 年代更是進一步提供日本邁向重工業化的貿易結構。〔註 54〕日本對於殖民地圈（第三環結）的貿易情形，以台灣與朝鮮為例，二者都肩負著日本原料與農作糧食的供應者，惟台灣的生產力與出口量都比朝鮮高出許多，這個因素致使台灣能夠成為日本的南方寶庫。〔註 55〕因此增加台灣的米、糖產量，殖民母國才能真正確保實質上獲取來自台灣的經濟價值，而水利事業的良窳則攸關農業發展的興衰與生產的效率，興建大型水利設施的計畫在這樣的思維下，是刻不容緩的。

　　此外，形成大正文化基礎的大眾文化特徵，「不論大眾文學、白樺派或是大正教養主義，雖然在質的接受上有差異，但在接受歐美文化為第一要件這點上是共通的，如果反過來看的話，也意味著即使將朝鮮、中國等東洋文化視為可以鑑賞的對象，也未必認為是適合學習效法的目標」〔註 56〕。進入了大正時期，經歷了第一次世界大戰後，日本也成為世界外銷工廠的重要成員，在經濟成長的刺激下，帶動了大眾文化的風潮，大眾文化收服了當時各階層的日本國民，如前述仍以接收歐美西方的大眾文化之有形無形的文化資產或商品為主，對於殖民地而言，殖民者仍係延續日本內地大眾文化的思維與品味來治理殖民地，帶來了不同於明治文化基調〔註57〕的大正時代之大眾文化。

〔註53〕竹村民郎著，林邦由譯，《大正文化：帝國日本的烏托邦時代》（臺北：玉山社，2010 年），頁 5～7。

〔註54〕竹村民郎著，林邦由譯，《大正文化：帝國日本的烏托邦時代》（臺北：玉山社，2010 年），頁 7～8。

〔註55〕何義麟著，《矢內原忠雄及帝國主義下之台灣》，（台北：台灣書房，2011 年），頁 71。

〔註56〕竹村民郎著，林邦由譯，《大正文化：帝國日本的烏托邦時代》（臺北：玉山社，2010 年），頁 165～166。

〔註57〕竹村民郎指出，從大正文化的成立這個角度，來比較大正文化與明治文化時，兩者在本質上的不同便可以明顯地看出來。以夏目漱石文學為代表的明治文化印象中，菁英性格突出，禁慾、倫理的性格強。這是明治文化的基調裡，以漢字為象徵的東洋文化、儒教精神落實的結果。前揭書，頁 164。

進而，電影做為一種大眾能接受的消費文化選項，也成為促使大眾文化更進一步的發展，誠如大正 9 年（1920）創設的松竹電影合名社，「對於革新的日本電影的開拓，採用電影監督制度、設立演員學校……重視腳本、招聘好萊塢技術人員、購入機具等等」〔註58〕，使得日本的電影產業也跟隨歐美現代化電影事業的腳步。尤其在台灣的電影事業之發展，其生成大眾文化的形塑力量，不僅是內台之間母國與殖民地的情感或經驗交流所致，還包括殖民統治的直接引介，通過殖民統治能更有效的控制大眾文化的傳播。

宣傳紀錄片與其他紀錄片最大的差異，根據奧夫德海德（Patricia Aufderheide）指出在於資金來自於政府或國家，並憑藉武力作為實力，據以制定法律與設置管理機構，她更指出沒有一部宣傳紀錄片是一扇透明的窗戶，可以直接看到真實世界，因此它的製作一定存在動機，提醒觀眾要特別檢視紀錄片的生產情形。〔註59〕而屬於殖民地的宣傳紀錄片，更確切的要求影片必須符合殖民者所欲宣傳的意識形態，忠實地反映日本帝國的殖民政策，透過影片所看到的是經過集體統合所形成殖民帝國主義的意識形態，再呈現於影像世界。

《幸福的農民》於 1927 年拍攝製作完成，而一樣在 1927 年的當年，納粹德國攝製第一部有關「黨」的宣傳紀錄片《NSDAP,1927 年 8 月 20～21 日納粹黨大會》，開啟了納粹德國意識形態宣傳片的濫觴。〔註60〕彼時歐洲的中心—德國開始運用宣傳紀錄片宣揚納粹黨作為領導國家未來走向的重要宣傳工具，時至今日仍需透過當時的紀錄影片，來理解德國人民是如何在希特勒的超人魅力引領下，步上法西斯主義的侵略國策與遂行極端的種族主義政策。戰前德國的宣傳紀錄片發展脈絡下，最經典的宣傳紀錄片就是 1935 年的《意志的勝利》（Triumph of the Will）與 1938 年的《奧林匹亞》（Olympia），徹底的透過宣傳紀錄片來謳歌法西斯主義，並企圖包裝成為一種美學典範的追求。《意志的勝利》被認為是有史以來最偉大的廣告宣傳，題材看似是 1934 年在紐倫堡舉行的納粹黨代表大會，但真正的目的卻是將希特勒予以神格化。若從現今的角度來評價導演瑞芬斯坦的作品，可以得到警惕，如果藝術

〔註58〕 前揭書，頁 52。

〔註59〕 李道明，《紀錄片：歷史、美學、製作、倫理》（臺北：三民書局，2013 年），頁 232。

〔註60〕 有關戰前納粹宣傳片的編年資料，參閱 Richard M. Barsam 著，王亞維譯，《紀錄與真實：世界非劇情片批評史》，（台北：遠流出版，2002 年），頁 189～192。

是站在天使同一陣線的話，那麼紀錄真實就必須由睿智且負責任的詮釋者來擔綱。〔註61〕

　　位處於亞洲邊緣的殖民地台灣，面對拍攝製作《幸福的農民》宣傳紀錄片，尤其由官方色彩濃厚的台灣教育會來主導，其拍攝的手法與一般非為政府宣傳目的而製作的紀錄片是不同的。仔細考察《幸福的農民》影片，在配合宣導嘉南大圳事業的前提下，可以發現影片裡存在某種殖民者的偏好，是屬於殖民者論述：穩定的農村生活美學與合乎殖民者設計的農業生產的意識形態。《幸福的農民》的拍攝製作是否有受到那些德國宣傳紀錄片的影響？在當時日本帝國正通往軍國主義的政治氛圍下，不能說沒有影響。此外，同樣在 1927 年的這一年開始，電影的發展進入了有聲電影的時代，而《幸福的農民》放映的時機點，已經是有聲電影與默片的歷史交會時刻，在殖民地台灣長期以來無論是經由電影技術的默片製作生成或是劇場的默片放映形式（包括現場解說的辯士）都有一定規模的發展脈絡，這些影響的背景都必須予以考量。因此事實上《幸福的農民》是在來自於殖民者的許多美學與倫理觀的意志下完成，它能成為藝術的傑作嗎？克萊德泰勒（Clyde Taylor）曾說：「**由於美學源起於十八世紀的種族主義論述中，所以無可救藥地必定和其他思想妥協？**」〔註62〕，無論如何《幸福的農民》在記錄真實的意義上，已經提供並詮釋了超乎想像的歷史素材。

〔註61〕 Michael Rabiger 著，王亞維譯，《製作紀錄片》（臺北：遠流出版，2010 年 9 月），頁 41。

〔註62〕 Robert Stam 著，陳儒修、郭幼龍譯，《電影理論解讀》，（台北：遠流出版，2002 年），頁 23。

第三章 《幸福的農民》的農村生活影像紀錄

　　《幸福的農民》影片難得的呈現出 1920 年代台灣農村的風土民情，影片中，透過「直順庄」與「後善庄」所設定的兩個不同農村的農民，對於嘉南大圳政策的配合度與否而發展出不同的故事脈絡。影片開頭字卡揭示的「農家的福音」，為整部影片提出了興建嘉南大圳對於農民的好處之開場，而緊接著發展的故事，除了對照出「直順庄」與「後善庄」協力配合嘉南大圳「三年輪作」政策與消極不配合所導致的結果，以不同的影片內容來呈現，也意外紀錄了當時農村的生活情形。

　　李道明認為「早期的電影觀眾對於他們所看到的『寫實』或『理該是真的』的動態影像，會毫不遲疑的認可其真實性，而電影創作者也毫不認為這種偽製方式有甚麼不對」〔註1〕，李道明所稱的早期的電影是指早期的歐美電影，利用重建（reconstructed）的影像與實拍的影像剪輯在一起。事實上《幸福的農民》其製作的目的與採取的製作方式，與前述這些早期的歐美紀錄片有相似之處，正如「直順庄」與「後善庄」的場景選定與演員表演方式，其精心設計與刻意的安排，可以看出端倪。而《幸福的農民》的電影創作者是

〔註1〕 李道明，《紀錄片：歷史、美學、製作、倫理》（臺北：三民書局，2013 年），頁 286。李道明引用了巴諾（Eric Barnouw）的著作《紀錄片：一部非虛構影片的歷史》（Documentary:A History of the Non-Fiction Film）所述：「諸如 1898 年義和團攻擊英國傳教所、1898 年波爾戰爭（The Bore War）、1904 年日俄戰爭鴨綠江戰役、1905 年維蘇威火山（Mount Vesuvius）爆發與 1906 年舊金山大地震等事件，在攝影機未能拍到的情況下，都由電影公司安排演出，再放給毫不懷疑的各國觀眾看，結果普受歡迎。」

在更具思想箝制與統合的殖民地環境裡製作完成，且由官方色彩濃厚的台灣教育會攝影製作，可以想像其宣傳的意欲，亦即對於嘉南大圳事業的宣傳，是比起早期的歐美紀錄片有著更強烈達成宣傳目的的製作手段，尤其透過農村家庭生活的影片片段中，從最貼近庶民生活的細節，考察出這種強烈的宣傳意欲。

此外本章的撰述，特別選擇日治時期的文學作品來對照《幸福的農民》的影像紀錄，進行深入的比較探討，有關以「農村景象」為主題的探討，所選擇的小說文本包括：蔡秋桐〈興兄〉、〈新興的悲哀〉、龍瑛宗〈植有木瓜樹的小鎮〉、呂赫若〈牛車〉、真杉靜枝〈烏秋〉。另有關以「農村的結婚儀式」為主題的探討，所選擇的小說文本包括：張文環〈閹雞〉、龍瑛宗〈呂君的結婚〉、〈黃家〉、庄司總一〈陳夫人〉、蔡秋桐〈興兄〉。

第一節　《幸福的農民》呈現的農村景象

一、農村的風景與殖民的現代性

中國學者李道新試圖將滿映製作的《光輝的樂土》（楽土きき）〔註 2〕與《幸福的農民》做比較，探討日本帝國的鄉村凝視及其在殖民地的文化統合。〔註 3〕指出這兩部影片其凝視鄉村的方式，盡量以一種符合規範的、穩定的鏡頭組合段落來表現鄉村景觀的富足感、安詳感與永恆性。李道新認為這兩部影片是對台灣及滿州國的美好想像，就《幸福的農民》而言，「透過農作物的豐收景象、林阿仁的頒獎儀式與阿仁阿花的結婚儀式三個組合段落來體現，篇幅占有全片 1／5 左右」〔註 4〕。而這些篇幅的鏡頭除了表現出農村富足的想像，也回應了殖民政權宣揚的殖民地現代化的建設成果。

申言之，《幸福的農民》與《光輝樂土》這兩部同樣地以農村紀錄為主題

〔註 2〕 《光輝的樂土》（楽土きき）紀錄片的內容是當時滿州政府期望農民能加入「農民合作社」組織的一部宣傳紀錄片，滿州映畫協會製作，1937 年。

〔註 3〕 參閱李道新，〈從臺灣到滿洲：帝國的鄉村凝視與殖民的文化統合──以臺灣教育會攝影的《幸福的農民》與「滿映」製作的《光輝的樂土》為例〉，國立臺北藝術大學舉辦「東亞脈絡中的早期臺灣電影：方法學與比較框架 Early Taiwan Cinema: the Regional Context and Theoretical Perspectives」國際研討會會議論文，2014 年 4 月 26 日。

〔註 4〕 同前註，頁 3。

的影片，表現鄉村景觀所運用的穩定鏡頭或如詩般的廣角取景，搭配緩慢的影片進行步調與段落組合，再強調以非劇情片的紀實功能所組成的結構，默片的形式也富含當時受人歡迎的一些美學手法，〔註5〕台灣教育會與滿映都以類似的方式，尤其是透過所拍攝的農村風景與宣揚殖民現代性的關聯性，其選擇的影片風格與技術等美學需求，符合了誠如李格爾（Alois Riegl）所稱的「藝術意願」（Voiloir Artistique）：「多數時候，它代表了最能適應某個時代藝術需求的東西」〔註6〕。

朱惠足指出：

> 日本人做為黃種人後進帝國，先是接受中國的漢文化傳統，繼而接受西方的現代化工程，中國與西方這兩種「正版」的文化源頭，使得日本不管是在國內的「現代化超克」課題上，或是在海外殖民地推動同化政策時，其移植翻譯的「第二手」文明化與現代化論述，都必須面對中國、西洋、日本三者之間文化移植翻譯與民族權力關係的問題。〔註7〕

> 透過海外殖民地與勢力圈的經營，與不同空間、民族與文化進行接觸，一方面生產出殖民地的現代性，同時也建構自身的現代性與帝國認同。如此的雙向過程當中，「落後」的「前現代」民族與文化，並非現代性的「欠缺」，而是構成現代性的「一部分」，同時也是現代性之「產物」。也就是說，做為移植與翻譯的現代性形構過程，本身就是一個在帝國政經力學牽動下，多樣民族、人種、語言、文化與歷史交錯，不斷重劃疆界的「交界場域」。〔註8〕

在日本領有台灣作為其第一個殖民地版圖之前，台灣本身既存在著多元的族群，由漢民族與原住民族組成了多樣化的文化共存之版圖，甚至漢民族或原住民族其本身又個別區分有不同的語境。蕞爾小島上本身既受容著如此豐富

〔註5〕默片的工具、風格和技術包括靜止鏡頭、對畫面以外的懷疑、單一精準、單一剪接、不避諱眼神直視鏡頭，參見 Launt Jullier 等著，喬儀蓁譯，《閱讀電影影像》，（台北：積木文化，2010 年），頁 64～65。

〔註6〕Launt Jullier 等著，喬儀蓁譯，《閱讀電影影像》，（台北：積木文化，2010 年），頁 64。

〔註7〕朱惠足，《現代的移植與翻譯：日治時期台灣小說的後殖民思考》，（台北：麥田出版，2011 年），頁 280。

〔註8〕朱惠足，《現代的移植與翻譯：日治時期台灣小說的後殖民思考》，（台北：麥田出版，2011 年），頁 282～283。

的多元文化共存情景，再加上日本殖民後的外來政權強行介入，而日本本身又如同前述相對於西方的帝國主義，是屬於黃種人的後進帝國。台灣在殖民者領導的邁向現代化過程中，確實產生了屬於台灣獨特又複雜的現代性之形構，在世界其他殖民地的現代化經驗裡，殊屬特異。

陳芳明指出：

> 現代性的全球傳播，並非是西方人要推廣現代生活給東方人，而是爲了資本主義的再擴張，遂在殖民體制的建立過程中挾帶而來的……而台灣社會所接觸的現代性，其實是一種遲到的現代性（belated modernity）……然而現代性並非從台灣社會內部孕育出來的，而是日本殖民體制建立過程中強勢攜來的……日本所理解的現代性是爲了更爲有效地開發島上資源……日本人傳播的現代化論述，帶有高度的文化優越論，縱然他們是由西方先進國家模仿而來的，台灣人所遵從的現代化論述，則具備強烈的批判精神。〔註9〕

台灣本身在接受殖民統治的現代化輸入，既有的知識份子從言論或文學作品所做的溫和的、理性的批判，雖無法抗衡殖民論述有關現代化引進的霸權主張，惟已立下後進知識份子追隨的精神標竿。

陳建忠指出日本帝國主義在台灣的殖民擴張進程中，現代製糖工業與新式教育、衛生改善等，是最爲顯著的現代性（modernity）事物，從而引進或整體改造過程稱爲現代化（modernize），是爲配合日本殖民拓展，由國家以實力支配所建構的「強制的現代性」（forced modernization）。〔註10〕

在日治時期台灣人作家的文學作品中，對於日本殖民體制所帶來的現代化，有許多作品確實帶有諷刺的批判意味，這在文獻的研究上亦有許多先行的研究成果。朱惠足試以西川滿的〈台灣縱貫鐵路〉與朱點人的〈秋信〉，分別從不同的主體位置，針對歷史資料對殖民地台灣現代化的詮釋，予以「再詮釋」。〔註11〕例如：對於「漢詩」的看法，西川滿在〈台灣縱貫鐵路〉試圖運用使讀者看不出它們來自不同的文化背景的寫作策略，刻意不以假名標註

〔註9〕 陳芳明，《殖民地摩登：現代性與台灣史觀》，（台北：麥田出版，2011 年），頁 34～51。

〔註10〕 陳建忠，〈差異的文學現代性經驗〉收錄於《臺灣小說史論》（台北：麥田出版，2007 年），頁 22。

〔註11〕 朱惠足，《現代的移植與翻譯：日治時期台灣小說的後殖民思考》，（台北：麥田出版，2011 年），頁 148。

原本分別應以閩南語發音與日文發音的漢詩；朱點人在〈秋信〉則抗議當局利用漢詩來攏絡殖民地台灣的知識份子，意圖成為文化上的一種統治工具：〔註12〕

> 反把它當作應酬的東西，巴結權勢，甚之，連和他們不關痛癢的日本的政客死去，也要作詩去哭他。〔註13〕

漢字源自於中國，而日本對於本身日語的漢字使用或是更高階的漢文、漢詩的運用，除了承襲或挪用自中國的漢字，也發展出自成一格的脈絡體系。台灣是日本海外第一個殖民地，領有台灣這一個屬於中華文化圈的海島，殖民母國日本與屬地台灣，語言交流溝通唯一的類似線索就是「同文」的漢字，當然，漢字的使用認同最極端的例子，就像〈秋信〉裡的斗文先生極端的堅守傳統的、古典的漢字與中國文化；光譜的另一端，沉迷於異國情調的西川滿，其實是充滿殖民外來意識的移植者。日本與台灣這種猶同文化臍帶般相連結的漢字，在當時西方帝國主義征服歐洲以外的各地民族作為殖民地而言，是相當特殊的經驗，包括由殖民者透過漢字引進的現代性經驗。

陳培豐指出，台灣其實相當幸運，與日本殖民母國同屬漢字圈的「同文」語境下，殖民地的台灣文學卻只花了二十幾年的時間，便可「追上」經過長時間醞釀成形的日本文學。因此，台灣人得以運用「同文」的優勢籌碼，「無縫接軌」般有效率地大量接觸並攝取日、中的近代化成果。〔註14〕

在殖民地台灣，漢字作為一種現代性經驗，無論是從文學作品或是電影來考察，一直有許多交涉的經驗或是後世論者的論述。單從《幸福的農民》而言，每一個影片段落都會出現字幕（卡），而且均以日語的形式予以表示文字，而日語的文字原本可選擇多種形式來表達，例如：影片開頭的字幕（卡）「農家的福音」，以日語的表達方式可以區分為三種：一、使用漢字與假名的組合「農家の福音」，二、或是完全使用假名「のうかのふくいん」，三、甚至在農家及福音的字體旁加註假名，因此共有三種選擇方式。影片選擇了第

〔註12〕 朱惠足，《現代的移植與翻譯：日治時期台灣小說的後殖民思考》，（台北：麥田出版，2011年），頁142。

〔註13〕 朱點人，〈秋信〉，《臺灣新文學》，1936年3月號。

〔註14〕 甲午戰爭後不到短短30年間，1922年台灣便出現了近代文學，而1930年代以後，台灣便幾乎與日本亦步亦趨，出現了類似的文類作品，甚至是論爭或概念。陳培豐著，〈差異、類似和混雜：重新思考台灣的漢文和近代文學〉，《中外文學》，（台北：台大出版中心，2015年3月），第四十四卷第一期，頁148～149。

一種方式，倘若觀眾對於日文不熟稔或是完全不懂日文，但若純粹以視覺去辨認或想像其意義，第一種方式呈現的漢字所受的假名干擾最少，而且又可以表達正確的日語文字形式。

　　舉例來說，再分析字幕（卡）「明日あたりから雨が降らないと植付に困るがな―」（明天如果還不下雨，插秧就麻煩了）、「皆さん吾が庄の幸福は小水路の施設と耕作方法を改良することです」（各位為了我們庄內的幸福，必須設置灌溉水渠並改良耕種方法）、「一同は今道の非を悔ひ一日も速く小水路施設の急務なるを悟る」（大家都很後悔當初沒這麼做，已經了悟必須趕緊建設灌溉溝渠）。從以上三種舉例的字幕（卡）所顯示的日語形式來觀察，除了無法以漢字表達而必須用假名來表示的助詞、格助詞、形容詞或動詞的語態變化等日語語法的限制以外，其他詞彙都以漢字來記載表示。

　　按默片無聲的語境形式，影片字幕顯示的文字對於整部影片的輔助敘述之功能顯得相當重要，簡政珍認為：

> 無論旁白或鏡頭敘述，藉由相輔相成、相互對立；或旁白及敘述轉
> 移，觀眾發現敘述本身不是在傳遞一成不變的訊息，訊息經由不同
> 的觀點或視角在觀者心中衍生不同的面貌。〔註15〕

《幸福的農民》的默片形式裡，字幕（卡）的輔助敘述功能，甚至比有聲電影裡的聲音旁白對於整部影片的影響，更顯得重要。而《幸福的農民》在字幕（卡）的日語句型表記方式，刻意選擇如前述儘量以漢字來表示，考量當時農村的觀眾對於日文不熟稔或是完全不懂日文的現象，觀者在閱讀字幕（卡）的過程，撇開必須使用假名的日語語法限制，那些刻意保留的漢字詞彙，仍可解讀原意之梗概，達到影片製作者的宣傳效果。

　　至完全不諳日語又不解漢字的農民，除了藉由新奇的電影媒介形式觀看預先安排好的《幸福的農民》視覺宣傳影像，直接理解影片內容，例如：直順庄與後善庄極明顯的豐收與歉收的對比影像鏡頭，或者是配合當局與迷信的劇情鋪陳之比喻；對於字幕（卡）的部份，假設當局無派員或類似辯士的解說員於公開播放的場合裡向觀者予以現場解說，然而，為了整體嘉南大圳事業的推廣小水路組合之目的，姑且不論農民是在觀看《幸福的農民》影片之前或已觀看之後，推定其應有被當局派遣的小組合長或實行小組合的其他幹部宣導加入實行小組合的經驗，因此觀看《幸福的農民》影片只是加深宣

〔註15〕簡政珍，《電影閱讀美學》，（台北：書林出版，1993年），頁108。

導的印象，字幕（卡）呈現的文字意義對於農民是否理解其意涵，並不影響完全不諳日語又不解漢字的農民接受嘉南大圳事業的宣傳效果。倘若觀者是在沒有現場解說的情境下又完全是不諳日語又不解漢字的個人背景，是否反而會更加專注對於電影這種新興傳播媒材的新鮮感而產生好奇，比起理解字幕（卡）的觀者而言，可能會加深其對於影片細節更豐富想像，甚至是超出影片製作者無法預期的宣傳效果。

　　《幸福的農民》從影片一開始講師向學員介紹牆上的嘉南大圳計劃圖，緊接著在黑板寫下有關嘉南大圳工事的介紹，攝影機一直對著講師拍攝，包括講解計劃圖的掛圖與寫下黑板的字體，學員都背對著攝影機，影像進行的焦點在於講師的臉部表情與肢體動作，直至影片（1'22" / 65 秒）的「目前嘉南大圳工事的現況」（現在の嘉南大圳工事の実況）的字幕（卡）後，出現講師手上的相片傳閱於學員之間，藉由學員眼見的視線接收相片上的訊息，而鏡頭整個畫面再定焦於相片上工程建設的照相寫真的靜態現況，然後鏡頭再拉至與相片相同場景的動態影像，這個與相片一模一樣的工程建設影像，應是當時的官佃溪貯水池。在嘉南大圳的建設中，官佃溪貯水池採用 1920 年代相當先進的「半水成填充式」工法，被認為是整體嘉南大圳的建設過程中困難度最高的項目之一。〔註16〕

　　　影片中，官佃溪貯水池的寫真照片透過學員之間的傳閱，學員所觀看的固定的靜態寫真再延伸的想像，即是影片呈現的與靜態寫真相片相同場景的動態影像。學員的想像隨著講師的講解，例如堰堤上的載運工事材料的輕軌鐵道列車，從幾乎是宛如風景畫般的沉穩緩慢調性的官佃溪貯水池工程建設畫面，突然出現傾瀉著蒸氣煙霧的動力列車行進竄動於鏡頭裡。黑白影像畫面裡，相對於整體偏白的淺色基調的之工程建設風景，偏黑色系的載運材料之動力列車，視覺上顯得特別突出，強調運用現代化的大量運輸工具能更有效率推動殖民地建設。尤其以仰望的鏡頭取景角度來觀看畫面裡龐大的列車車斗卸下工事所需的土石材料，巨大的車體機械結構與卸下數量龐大的土石填滿了畫面，是一種頗為震攝的視覺經驗。而當畫面再出現傾瀉著蒸氣煙霧的動力列車行進竄動於鏡頭裡時，則畫面已非呈現先前經過挑選的整齊地如風景畫般的沉穩緩慢調性的官佃溪貯水池工程建設的局部特寫畫面，而是採

〔註16〕參閱傅欣奕，《日治時期電影與社會教育》，（台北：台灣師範大學台灣史研究所碩士論文，2013 年），頁 92～93。

用廣角鏡頭鳥瞰工程建設進行的較爲完整之畫面。

因此在「目前嘉南大圳工事的現況」的影片段落，從講師的講述工事現況，選定最爲困難的工程建設之一：「官佃溪貯水池」爲題材，學員們自寫眞照片的圖像，配合著講師的介紹，想像著高度進步的建設過程，而透過影片接下來的發展將想像化約成具體的動態影像，並且運用了如前述的美學構圖與編排的構思，對於當時觀看影片的民眾而言，應可產生強而有力的宣傳作用，是相當特殊的紀錄手法，也可滿足觀看者對於電影文本的好奇，對於當局來說，紀錄電影也是一種可達到政令宣傳與殖民地的教化功能等相當多元的傳播工具。

二、農民的耕作景象

早期而言，由於台灣的稻田與內地不同，一向有「看天田」之稱呼，亦即取決於雨水的充沛與否，若雨水夠才是稻田，如果雨水不夠就變成旱田。而倘若一開始雨水夠，可是後來卻鬧起旱災，即必須從就近的水溝打水灌溉，每當這時，農夫都要拉起很多龍骨車。

> 與日本內地的農耕方法相較，因應台灣亞熱帶氣候和土地的自然風習，台灣農民那種粗放的大耕制度，卻是日本農民所不及。〔註17〕

陳芳明認爲：

> 安定與和平，是殖民體制努力追求的社會新秩序。所謂安定，就是台灣農民馴服地鞭打水牛在耕田，〔註18〕這種意象不僅出現在明信片上，也出現在立石鐵臣的木刻，更出現在石川欽一郎的水彩作品……在廣漠的水田裡，農民默默耕種，彷彿有一種逆來順受的宿命感。而從未到過台灣的日本人，便是透過這樣的形象來理解他們所憧憬的「南國」。〔註19〕

《幸福的農民》記錄了珍貴的農耕影像（5'57" / 111 秒），直順庄農民加入實行小組合，配合嘉南大圳的小水路設施灌溉，透過分配的灌溉水源，流經直

〔註17〕片岡巖著，陳金田譯，《臺灣風俗誌》，（台北：眾文圖書，1987 年），頁 133。

〔註18〕「水牛原產於印度，經由廣東、福建傳入台灣，水牛的特性是刻苦耐勞，且個性溫馴，是農家犁田與拉車的重要動力來源。」引自陳芳明，《殖民地摩登：現代性與台灣史觀》，（台北：麥田出版，2011 年），頁 281，（圖七）說明文字。

〔註19〕陳芳明，《殖民地摩登：現代性與台灣史觀》，（台北：麥田出版，2011 年），頁 281。

順庄庄內的各灌溉渠道供農民取用，影片的農耕紀錄如下：人工插秧前，農人在已經灌溉水源後的水田上，進行標線工作，俾以確認並預留插秧時秧苗的位置與間距。水稻在插秧前，農人在整地的同時，熟練的在水田上施基肥。

　　接著鏡頭轉至農田的另一個角落，呈現育苗田的情形（6'39" / 51 秒），辛勤的農民們進行捲苗與出苗的工作，從影片來觀察育苗田裡培育的秧苗生長情形，相當良好，而且育苗作業的影片時間達 51 秒，佔直順庄農民農耕這一段落影片接近二分之一的時間，對於農人捲苗、出苗的動作細節亦清楚的呈現。秧苗期的育苗工作對於將來插秧後的稻作栽培成長相當重要，影片強調小水路設施的灌溉自始即提供強健的秧苗，暗示插秧後再遵行實行小組合的共同協力與憑藉優異的灌溉水路，必定能達成稻米豐收的宣傳效果。誠如影片裡正在進行插秧工作的農民們，其身後遠處的農人牽引著水牛，慢慢地接近鏡頭，預告將要正式開始的水稻栽培工作。

　　然而《幸福的農民》採取對比式的手法，先以「執迷不悟的後善庄民」（執迷なる後善庄民）的影片段落，敘述林阿仁的父親巡視看天田，因為沒有小水路設施灌溉而造成的旱象窘境，再以直順庄實施三年輪作的豐收情形來做對比。影片裡交替呈現的三種字卡（幕）——雜作、甘蔗、米，並輔以實際上這三種不同作物豐收的情景，簡明扼要的提出三年輪作的宣導意旨。再者，三年輪作的影片段落中，尤其農民進行除草等農事彎腰辛勤的作業情景與農人熟練的施肥作業，可作為補充先前影片中直順庄農民的農耕紀錄段落之後續水稻栽培工作的影像。

　　綜上，《幸福的農民》農耕影像的紀錄，是透過直順庄與後善庄兩個場景——遵行實行小組合的共同協力而配合嘉南大圳小水路設灌溉的良田 VS 看天田旱象的窘境，兩個場景的交叉剪輯，建立了一種對比式的戲劇效果：「直順庄的灌溉水渠完成」（出来上った直順庄の小水路）（5'27" / 141 秒）→「執迷不悟的後善庄民」（執迷なる後善庄民）（7'48" / 39 秒）→「忙於農事的直順庄」（農事に忙しき直順庄）（8'27" / 72 秒）。

　　《幸福的農民》在影片劇情的刻意安排設計之下，由於後善庄的農民原本不願組織實行小組合而排斥參與嘉南大圳事業，仍冥頑不固的依循傳統的看天田耕作方式，沒有導入現代化的水利灌溉設施，導致農作物欠收。影片設定由林阿仁這個角色向後善庄的農民予以指導與改正，經過加入嘉南大圳事業的建設之後，影片對照出豐收成果的影片段落，放在段落最前面的是有

關採收甘蔗的情形（18'42" / 35 秒）。

從遠處鏡頭裡的甘蔗田，生長豐碩的甘蔗搖曳生姿，隨著鏡頭的移動其視線所及到處都是豐收的甘蔗矗立在田埂裡，並且運用局部的特寫鏡頭，展示更細部的甘蔗生長情形，再將鏡頭移至農民正在收成甘蔗的畫面，最後鏡頭接上特寫鏡頭並定焦於林阿仁捧著豐碩甘蔗的笑容。在默片發展時期，導演必須強調剪輯的手法去組合影片，利用蒙太奇的「剪輯（editing）技術與組構（construction）方法」〔註20〕使之成為有創意的藝術成品。《幸福的農民》在這個段落裡的一連串鏡頭，所使用的電影元素—蒙太奇，運用沒有對白的一系列鏡頭巧妙地產生一種具體的敘事結構。〔註21〕然而，嘉南大圳事業建設完成的水利灌溉成果之良窳，也攸關著台灣糖業資本利益之發展，因此安排具有強烈暗示的鏡頭組合來強調甘蔗豐收的意義，對於這部影片的宣傳目的而言，有著不可言喻的重要性。

影片的安排可以發現，後善庄農民最後在林阿仁的指導與改正下，影片呈現著精彩的豐收情況（18'42" / 93 秒）。除了甘蔗的豐收以外，尚有農田裡農民們辛勤的稻米採收的農忙即景、農民們挑著豐收的稻穀魚貫地返回農家的情形、遵行三年輪作的地瓜採收情形。然而，這些影像裡林阿仁出現的場合有：挑著豐收的稻穀踏進農家、採收地瓜的情形、手持豐碩的採收地瓜。其後還有「小水路を愛せよ」（要愛護水渠）（20'15" / 97 秒）的段落，又可再細分三個小段落：一、不可以在堤防的上面及兩側耕作的現場宣導，二、不可遮塞水渠或擅自挖掘的現場宣導，三、讓水渠縱橫遍佈不要當成交通道路的現場宣導。尤其對於水渠周邊宣導的影像，保留了珍貴的當時水渠及其周邊的風景。

以上這些林阿仁在影像出現的場合，影片的鏡頭取景安排林阿仁都以背對鏡頭、側身面對鏡頭、僅肢體入鏡而臉部及軀幹卻在鏡頭畫面之外、或是正面面對鏡頭但是僅呈現站在遠處的模糊人身的正面等。相較於放在段落最前面的有關採收甘蔗的情形（18'42" / 35 秒），林阿仁捧著採收下來的豐碩甘蔗露出燦爛笑容的特寫鏡頭，所以惟獨在甘蔗收成這一個影片段落裡，林阿仁是被安排身體正面完整的面對鏡頭，這是在後善庄農民接受林阿仁指導

〔註20〕黃新生，《電影理論》，（台北：五南圖書，2010 年），頁 18。
〔註21〕Jeniffer van Sijll 著，王旭鋒譯，《電影就是說故事——電影人一定要會的 100 種最有力的電影說故事技巧》，（台北：五南圖書，2013 年），頁 73。

與改正這一影片段落裡，唯一透過林阿仁的臉傳達某種宣傳意欲的操作。

　　路易斯‧德呂克（Louis Delluc）把電影的特寫鏡頭作爲追求逐漸消逝的永恆美印象，提供藝術以外的某種概念，可能是生活狀態的敘述，尤其是在人體的肖像表現上，運用電影表達現實的生活狀態。〔註22〕

　　人物角色的內在思想如何透過視覺來傳達呢？或許可以仔細地端詳演員的臉，去透視演員的內在，圖像符號則成爲人物角色內在生命所蘊含的各種面向之索引，在操作上必須仰賴三要素：演員的表演、取決於攝影機的拍攝及場面調度上的配合（風景、內景等場景）。〔註23〕因此透過林阿仁臉部的笑容特寫鏡頭，是這一個影片段落裡安排最明顯的人物角色的表演。試以林阿仁手持鋤頭挖掘收成的甘藷影像，緊接著鏡頭移至林阿仁僅肢體入鏡並手持摘除後的豐碩甘藷，惟臉部及軀幹卻在鏡頭畫面之外來做比較，如此簡化的畫面安排；相較於甘蔗豐收段落的豐富視覺傳達效果，二者對於觀者觀看經驗的感染力，孰優孰劣？自不待言。

　　而在林阿仁出現之前，攝影機從拍攝甘蔗田茂盛的生長情形到農民收割的場景，無論是構圖的選擇、甘蔗田遠景與近景的建立鏡頭、緩慢且安定的運鏡方式，經過設計的細節鋪陳，更突顯林阿仁出現時，人物角色在視覺上呈現豐富的表演效果。

三、影像紀錄與文學作品書寫之比較（蔡秋桐〈興兄〉、〈新興的悲哀〉、龍瑛宗〈植有木瓜樹的小鎮〉、呂赫若〈牛車〉、眞杉靜枝〈烏秋〉）

　　矢內原忠雄在其《帝國主義下の台灣》一書指出，米與蔗作的對抗關係「決之於流水」，嘉南大圳的灌溉區域，在台灣的中南部區域成爲蔗作、米作對抗的緩衝地帶，矢內原忠雄更指出兩者的調和實際是以蔗作爲中心的解決，亦即，甘蔗的收購價格不必受制於米作，或其他競爭作物市價的影響。這樣的情形，並非當初嘉南大圳的水利工程設計的目的，還包括當局對糖業資本的保護、發展完全適合糖業資本的利益、獨占資本主義更高度的發展等，矢內原忠雄評價嘉南大圳是一項性質特異的大工程。〔註24〕

〔註22〕Robert Stam 著，陳儒修、郭幼龍譯，《電影理論解讀》，（台北：遠流出版，2002年），頁57。

〔註23〕Patrick Phillips 著，李芬芳譯，《解密電影：不可不知的5個故事》，（台北：書林出版，2011年），頁82。

〔註24〕矢內原忠雄著，周憲文譯，《帝國主義下的台灣》（台北：帕米爾書店，1987

　　《幸福的農民》影片拍攝於 1927 年，1926 年台灣糖業中新式製糖會社的資本爲 2 億 6001 萬日圓，約佔全台株式會社資本額的一半，當時全台種植甘蔗的面積達 13 萬甲，蔗農戶數約 12 萬戶，佔農家總戶數的 30%。經調查「1926 年台灣出口到國外和日本的產品總值約有 2 億 5000 萬日圓，其中砂糖佔了 1 億日圓，出口砂糖中約有九成八的產量是來自新式製糖株式會社」﹝註25﹞。《幸福的農民》的拍攝製作時期，正逢製糖業者獨佔壟斷台灣製糖產業高額的利潤，尤其是幾乎被來自日本大企業的資本所壟斷。﹝註 26﹞因此製糖業者在當時可說是掌握並控制島內的農業經濟與出口貿易，而按照矢內原忠雄在其《帝國主義下の台灣》的台灣糖業帝國主義的論述，嘉南大圳建設工程提供的灌溉水源，是讓甘蔗的價格不會被米作的價格所威脅控制而被動影響其市價。是以糖業資本家既已壟斷並掌握高額的糖業利潤，所以嘉南大圳建設工程的完工，可預期將帶來更高的糖業收益，甚至更有利於糖業資本家控制成本價格，充分展現台灣糖業帝國主義的形成，累積的利潤財富不僅促進自身糖業資本的發展，也可用來參與海外市場的擴張與競爭。

　　蔡秋桐是保正作家，前後擔任保正長達 25 年，張恆豪在〈放屎百姓的浮世繪──蔡秋桐集序〉一文指出他繼承了賴和嘲諷的風格，對於那些向當局傾斜的份子，例如地方保正、拓殖會社社長等加以非難，揭露日本殖民的荒謬性與欺瞞姓。蔡秋桐也是「五塊寮畜產組合長」、「大日本製糖株式會社地方委員」、「元長保甲聯合會長」、「元長信用購買利用組合監事」、「公共埤圳嘉南大圳組合協議員」﹝註 27﹞，因此蔡秋桐的身分不但能周旋在官方與農民之間，且具有洞悉嘉南大圳興建對於農民造成利弊之實際情形。

　　本書除了選擇蔡秋桐以保正作家及嘉南大圳組合幹部之視角所創作的文學作品〈興兄〉﹝註 28﹞、〈新興的悲哀〉﹝註 29﹞來與《幸福的農民》影像

　　　年），頁 262～263。
﹝註25﹞ 何義麟著，《矢內原忠雄及帝國主義下之台灣》（台北：台灣書房，2011 年），頁 45。
﹝註26﹞ 當時台灣糖業的資本與資金系統，主要會社爲：三井系、三菱系、藤山系，台灣全部會社資本的半數，耕地面積的一半，所有的農家戶數，都在這三大資本家的糖業壟斷控制。參見何義麟著，《矢內原忠雄及帝國主義下之台灣》，（台北：台灣書房，2011 年），頁 45。
﹝註27﹞ 原幹洲編，《自治制度改正十週年紀念人物史》（台北：勤勞と富源社，1931 年），頁 42。轉引自陳淑容、柳書琴，〈宣傳與抵抗：嘉南大圳事業論述的文本縫隙〉，《台灣文學學報》（台北：國立政治大學台灣文學研究所，2013 年），頁 196。
﹝註28﹞ 蔡秋桐，〈興兄〉，原發表於《台灣文藝》第二卷第四號，1935 年 4 月出版。

紀錄做比較；再選擇以「木瓜樹」作爲殖民地台灣風景的龍瑛宗小說〈植有木瓜樹的小鎮〉〔註30〕，是絕望知識份子的精神風景之描寫；呂赫若〈牛車〉〔註31〕中描繪農村在殖民統治所帶來的現代性時代潮流與傳統農村捍衛價值的扞格，農民心理的衝擊所衍生的對抗或是選擇屈斜，儼然也形成另一種殖民地的風景；至於日本人女性作家眞杉靜枝本身具有在台灣成長經驗的背景，創作具有私小說及國策文學雙重性質的〈鳥秋〉〔註32〕，以熟悉台灣風景的日本女作家的視角，透過小說呈現對殖民地台灣的另一種觀看風景。本書嘗試選擇以上四位擁有不同作品風格與創作背景的作家與其文學作品，試圖分析作品文本中的風景景色與《幸福的農民》影像紀錄做比較研究。

　　蔡秋桐的小說〈興兄〉〔註33〕發表於 1935 年，清楚的刻畫嘉南大圳雖建設完成但實施水路尚未完全成功以前，米作的收成利潤高於甘蔗的情景：

> 嘉南大圳未成功以前，還是在甘蔗黃金時代，當地一遍皆是植甘蔗，
> 那時的甘蔗價很好，卻也萬萬比不上粟價之高呢！興兄知道地上的
> 泉水，足以播稻，他就命令鑿井起來了……興兄爲著他底兒子能鑿
> 井，比較他人早點兒播稻，致之（以致）比較他人加得著多大利益，
> 興兄年年富裕起來了。〔註34〕

　　《幸福的農民》的製作拍攝，在糖業資本的壟斷發展與嘉南大圳建設工程的保護糖業發展的外在環境下，對於後善庄的農民受到林阿仁的感召而加入嘉南大圳事業的建設之後，影片對照出豐收的成果的影片段落，刻意將採收甘蔗豐收的情形編排於最前面，而且是《幸福的農民》整部影片呈現各種豐收的農作物的影片段落裡，最經巧思的編排與富含目的性的影像。

　　閱讀龍瑛宗〈植有木瓜樹的小鎮〉，可以感受到對於周遭空間的細膩描寫，善常用色的龍瑛宗：

〔註29〕蔡秋桐，〈新興的悲哀〉，原發表於《台灣新民報》，第三八七、三八八、三八九號，1931 年 10 月 24、31 日及 11 月 7 日出版。

〔註30〕龍瑛宗，〈植有木瓜樹的小鎮〉，原題〈パパヤのある街〉發表於《改造》第十九卷第四期，1937 年 4 月 1 日。

〔註31〕呂赫若，〈牛車〉，原發表於《文學評論》第二卷第一號，1935 年 1 月。同年亦刊載於《台灣文藝》第二卷第五號，1935 年 5 月。

〔註32〕眞杉靜枝，〈鳥秋〉，原發表於《南方紀行》（東京：昭和社），1941 年 6 月。

〔註33〕本書參考之文本：蔡秋桐，〈興兄〉，收錄於張恆豪編選《楊雲萍、張我軍、蔡秋桐合集》（台北：前衛出版社，1996 年）。

〔註34〕蔡秋桐，〈興兄〉，收錄於張恆豪編選《楊雲萍、張我軍、蔡秋桐合集》（台北：前衛出版社，1996 年），頁 210。

相對於「罩翳著……時代的陰影」的台灣房舍，日本建築總是以高
大、乾淨的姿態出現。M 製糖會社佇立在「一片青青而高高甘蔗田
中」，不動如山，「高聳著煙囪的工廠……巨體，閃閃映著白色。」
〔註35〕……代表著科技及壓榨（甘蔗）機器的日本煙囪，不但在體
積／空間佔領上壓倒台灣甘蔗，更直接主導甘蔗的命運──榨出汁
液，留下殘渣，因此，龍瑛宗處處以日本建築的清爽麻利對應台灣
房舍的垃圾和排泄物。〔註36〕

按〈植有木瓜樹的小鎮〉小說的描述，對於「甘蔗田」／「製糖會社的工廠」；
「台灣房舍」／「日本建築」等不同空間的對照，在文字上做了巧妙的隱喻，
間接提出被殖民與殖民或是落後與進步的不同處境。觀看《幸福的農民》在
「目前嘉南大圳工事的現況」（現在の嘉南大圳工事の実況）段落（1'22"／
65 秒），傾瀉著蒸氣煙霧的動力列車行進竄動於官佃溪貯水池建設工地的鏡
頭裡，冒著蒸氣的機關車煙囪，是載運著現代化水利設施的工事材料之動力
來源。而〈植有木瓜樹的小鎮〉小說裡的甘蔗所代表的「原料」／「被支配
的客體」符碼意義，去對比製糖會社的煙囪所象徵的「現代化技術」／「支
配的主體」符碼意涵，再對照著《幸福的農民》的工事材料與動力列車上的
煙囪，甘蔗與工事材料等大量的原物料，只能被代表現代化的，能產生工業
動力的煙囪所壓榨出汁液提供製糖工業所需，或是大量的工事材料由更有效
率的乘載工具所運輸，甚至甘蔗或製糖的運輸也要依靠現代化的動力列車。

至於《幸福的農民》影片後善庄農民勤奮工作後的豐收成果的影片段落
（18'42"／93 秒），有關甘蔗田豐收的情形，尤其特寫鏡頭定焦於林阿仁捧著
豐碩甘蔗的笑容，而理解了現實裡的蔗農現況，再觀看《幸福的農民》這部
紀錄片後，得到更深切的反思。

蔡秋桐在〈新興的悲哀〉控訴爲了開發與建設的目的，進而實施製糖株式
會社、拓殖會社等殖民現代化的政策，卻是犧牲農民等弱勢的利益；權力階級
與資本家的雙重剝削，使得蔡秋桐對於現代化產生質疑，企圖讓讀者能重新思
考現代性的本質。〔註37〕〈新興的悲哀〉小說對於設定的農村場景──T 鄉，

〔註35〕龍瑛宗，《龍瑛宗集》，（台北：前衛出版，1991 年），頁 13～14。
〔註36〕賀淑瑋，〈空間與身分：論植有木瓜樹的小鎮的身分危機〉收錄於陳萬益編選
　　　　《臺灣現當代作家研究資料彙編 07：龍瑛宗》（臺南：國立臺灣文學館，2011
　　　　年 3 月），頁 106。
〔註37〕崔末順，《海島與半島：日據台韓文學比較》，（台北：聯經出版，2013 年），

蔗農遭遇到製糖會社的剝削壓榨與繳納嘉南大圳供水的水租維持費等多重的壓力，這樣的描述：

> T 鄉的全耕地，大部分是拓殖會社的所有地，T 鄉的農民，當然也是拓殖會社的佃人了。當地的農民大半都是靠著這拓殖會社的耕地而維持生活。〔註38〕

> 我今日會承領拓殖會社的土地來者，非是緊緊為我個人打算，完全是為著我們台灣人將來打算，才有引受這麼大宗的土地啦。〔註39〕

> 「沒有聽見嗎？你們的維持費未繳納，水要——錢又不願出，畜生，我已有幾次通告你……畜生。」水路巡視員又帶輕視地責罵下去。「廣崎兄，你也不要生氣，這筆維持費都不是不願納的，這應當是歸業主負擔的……。」「橫直水是斷然不給你的，這條規矩是郡守大人定的，你若是不服，可去郡役所理會就是。」〔註40〕

台灣文化協會原本就進行的文化啓蒙運動與農民運動，直到 1927 年文協分裂後，由台灣民眾黨繼續支持農民運動，直到 1931 年該黨解散，相關運動才漸漸沒落。另一方面，就嘉南大圳的興建過程而言，台灣農民組合從 1929 年到 1930 年之間，持續協助農民進行「奪回埤圳管理權」、「反對嘉南大圳三年輪灌政策」、「奪回埤圳管理權鬥爭」、「嘉南大圳水租不納運動」等抗爭。〔註41〕、受到殖民資本主義的資本壟斷與剝削壓榨，尤其是拒納水租運動在輿論不斷地沸騰發酵，例如：《台灣新民報》的報導戲稱嘉南大圳爲「咬人」大圳，因爲大圳組合不管地主有無圳水可供灌溉，一律徵收相同水租，造成許多民怨。〔註42〕並對於官方色彩強烈的《台南新報》捏造不實的報導宣稱水租已收高達 90.03%，表示抗議。〔註43〕甚至採同盟滯納的方法，

　　　頁 211。
〔註38〕蔡秋桐，〈新興的悲哀〉，收錄於張恆豪編選《楊雲萍、張我軍、蔡秋桐合集》（台北：前衛出版社，1996 年），頁 196。
〔註39〕同前註，頁 196。
〔註40〕蔡秋桐，〈新興的悲哀〉，收錄於張恆豪編選《楊雲萍、張我軍、蔡秋桐合集》（台北：前衛出版社，1996 年），頁 206。
〔註41〕陳淑容、柳書琴，〈宣傳與抵抗：嘉南大圳事業論述的文本縫際〉，《台灣文學學報》，（台北：國立政治大學台灣文學研究所，2013 年），頁 198～199。
〔註42〕〈嘉南大圳沒有給水也要收水租地主們大起抗議〉，《台灣新民報》第 332 號，昭和 5 年（1930）9 月 27 日，第二版。
〔註43〕〈水租滯納の抗爭批難の的たる〉，《台灣新民報》第 332 號，昭和 5 年（1930）

積極抵抗滯納水租。〔註44〕至於官方的態度如何因應呢？連菊地州高等課長都認爲沒有水量灌漑的地主，應該給予延長債務還付期間或給予融資低利資金。〔註45〕更遑論是誇張的將子女賣給他人，俾繳納水租的悲慘軼聞。〔註46〕農組台南州支部聯合會在針對不公義的水租抗爭中，以三字句的指令告知民眾，從字句中可以感受到民間對於嘉南大圳的整體事業的態度：

　　　賊政府，卻重稅，賊官廳，逐項欲。〔註47〕

　　誠如〈新興的悲哀〉小說最後，迫於製糖會社與官廳的多重壓力，林大老困於「官廳不准我插秧，會社不准我插甘蔗」的無奈地思索。而蔡秋桐在其〈放屎百姓〉、〈新興的悲哀〉、〈興兄〉等小說反映嘉南大圳控訴其不當的政策對於農民是造成影響的，小說裡未經包裝設計、日常生活平實樣貌和情感反應的似虛而實的小說人物，挑戰著宣傳影片《幸福的農民》傳遞的意識形態：「帝國／現代／科學／富足／幸福的嘉南大圳神話」。〔註48〕

　　觀看《幸福的農民》「小水路を愛せよ」（要愛護水渠）（20'15"／97秒）的段落，影片裡是由林阿仁來擔任宣導水渠及其周邊禁止行爲的主要角色，其他的演員則是透過導演的安排進行演出，該段落的影像主要焦點是由林阿仁出面宣導的演出：不可以在堤防的上面及兩側耕作的現場宣導、不可遮塞水渠擅自或擅自挖掘的現場宣導或讓水渠縱橫遍佈不要當成交通道路的現場宣導等。這個段落的影片的設計目的是宣揚杜絕破壞水渠的不當行爲，所以按這樣的思維脈絡來觀看當林阿仁的適時出現阻止農民的不當行爲或加以勸說宣導，符合宣導目的及導演認知的佈局，尚不難理解。

　　倘若從觀看經驗予以反面思考，該段落的影像當林阿仁尚未出現時的場

　　　　9月27日，第十二版。

〔註44〕 〈嘉南大圳的水租業主將要求三年延期／組合狼狽協議對策／糾紛推移熱人注目〉，《台灣新民報》第330號，昭和5年（1930）9月13日，第四版。

〔註45〕 〈橫逆的嘉南大圳無水也要水租／地主齊起抗納／高等課長也表同情〉，《台灣新民報》第333號，昭和5年（1930）10月4日，第五版。

〔註46〕 〈大圳哀話／因受嘉南大圳的強迫／貧困地主賣子納水租〉，《台灣新民報》第337號，昭和5年（1930）11月1日，第四版。另參閱〈愛妹を売って嘉南大圳の水租納入〉，《台灣新民報》第344號，昭和5年（1930）12月20日，第十三版。

〔註47〕 《台灣總督府警察沿革誌第二編：台灣社會運動史》（東京：綠陰書房，1986年）復刻，頁1139。

〔註48〕 陳淑容、柳書琴，〈宣傳與抵抗：嘉南大圳事業論述的文本縫隙〉，《台灣文學學報》，（台北：國立政治大學台灣文學研究所，2013年），頁202。

景，影片裡那些在堤防周遭的農民們，爲何會無視禁止耕種區域警告而破壞堤防周邊設施？爲何會咨意的去遮蔽水渠或擅自去挖掘水渠？爾或爲何會駕駛牛車於水渠之間？

　　而蔡秋桐於 1931 年書寫的〈新興的悲哀〉小說，正值嘉南大圳工程已興建完成，作者以批判的角度，透過小說人物林大老直陳殖民資本只爲中飽私囊卻犧牲農民的利益，形容到頭來只是一場騙局。蔡秋桐本身是保正又兼嘉南大圳組合的協議員身分，清楚的洞悉了嘉南大圳事業的推展，只會拉大資本與勞動階級的距離，甚至造成對立。

> 電影和其他藝術一樣不只是把內容框限在固定的包容物（銀幕）裡，
> 也不僅限於固定的時間（放映時間）內。正如一幅好畫，畫的世界
> 向畫框外指涉，影片的結尾是開放的，它不是以眞實的事件來結束
> 一個故事，因而也賦予觀眾多種想像的可能性。〔註49〕

所以再來觀看《幸福的農民》影片那些農民爲何會迫於生存壓迫的無奈，而且是來自於多重的壓力所致，甚至被限制而無法順利耕作，爲了能增加收成，去破壞堤防周邊設施、遮蔽水渠或擅自去挖掘水渠或逕通行於水渠之間，可以從小說的線索去找尋影片呈現的因果關係。雖然這樣的觀看思索並非影片製作者拍攝影片的本意，惟從《幸福的農民》與〈新興的悲哀〉兩種文本，相互對照，從中能發現更多的想像與反思。

　　陳芳明以日治時期甘蔗田的寫眞爲例，一系列的明信片寫眞都呈現了台灣甘蔗田繁榮氣象，拍攝所示範的甘蔗田，其富庶的寫眞風景中：

> 被欺負的農民是看不見的，至於資本家的剝削，生產的數字與價格
> 的控制，農民土地被沒收的實情，都未被攝入……殖民者的攝影鏡
> 頭，輕易避開台灣社會的抗議與挫折……而鏡頭是權力的一種延
> 伸，也是現實社會的過濾器，殖民化的台灣變成現代化，現代化的
> 台灣變成日本化，歷史紀錄就這樣被保留下來。〔註50〕

陳芳明指出透過殖民之眼觀看而選取的攝影照片，眞實的殖民地底層現實的抗議與挫折現況，是鏡頭所不容許的。同樣的，在《幸福的農民》影片中，無疑是意圖將嘉南大圳事業的建設宣傳成爲殖民地邁向現代化的一種典範，

〔註49〕簡政珍，《電影閱讀美學》，（台北：書林出版，1993 年），頁 160。
〔註50〕陳芳明，《殖民地摩登：現代性與台灣史觀》，（台北：麥田出版，2011 年），
　　　　頁 277～278。

而透過殖民之眼觀看而選取的動態的紀錄影片與靜態的攝影照片的差異性在於：映像文本的特性係承載著各種不同的影像素材的組合，以及各種鏡頭的交叉運用，營造出場面的張力與鏡頭的律動感，由數量龐大的畫面連續排列，相較之下，靜態的攝影照片未被攝入鏡頭的事物，必須靠對於實境或相關事實的接觸經驗，才得以想像，發掘出接近於事實真相的面貌。而《幸福的農民》影片可從畫面的組成當中，找尋線索，甚至影片提供了超乎預期的線索，讓觀者能有意識的思考，是類似於閱讀文學作品的經驗。

崔末順對於呂赫若的小說〈牛車〉有一段精闢的評論，認為呂赫若將現代化機器做為批判日本殖民統治，以及審視台灣現代化的有利媒介：

> ……傳統的東西被迫淘汰。牛車、水車、轎子等利用人力和畜力的
> 工具，在面對貨物車、碾米機、汽車等利用科技的現代機器時，只
> 不過是一堆破銅爛鐵而已。……因此，農民對造成他們沒落的機器，
> 懷著無比的恨意。代表現代化的文明機器，變成破壞他們原有生活
> 的敵人，而這個敵人又是來自日本。〔註51〕

《幸福的農民》影片宣揚的現代化灌溉水利工程，終究是為服膺殖民資本能快速擴張的終極目的，正如蔡秋桐的小說〈新興的悲哀〉對於嘉南大圳事業的形容，林大老在水租維持費與甘蔗種植的限制等多重的剝削下，產生的不滿，覺悟到頭來只是一場騙局。

呂赫若的〈牛車〉發表於 1935 年，嘉南平原的農民接受嘉南大圳灌溉水路已多年，呂赫若深刻觀察到殖民現代化的進程，對於農村的衝擊，透過小說的文字替底層的農民提出抗議，而《幸福的農民》影片，那位駕著牛車的農人，身軀直挺地站在牛隻拖曳的板車之上。令人聯想到施淑對於〈牛車〉的評論：

> 小說中駕著牛車的農人，在夜裡把那位商人立法的「道路中央四周
> 不准牛車通過」的路碑，合力摔到田裡，行走在黑暗世界的夜行牛
> 車，反映了依靠直接勞動的小農經濟，在現代化的社會變遷中，直
> 接而痛楚的反抗姿態，注定他們在現代世界史的命運。〔註52〕

〔註51〕崔末順，《海島與半島：日據台韓文學比較》，（台北：聯經出版，2013 年），
頁 217。

〔註52〕施淑，〈最後的牛車：論呂赫若的小說〉收錄於許俊雅編選《臺灣現當代作家
研究資料彙編 10：呂赫若》（臺南：國立臺灣文學館，2011 年），頁 76。

　　《幸福的農民》影片中那位駕著牛車的農人，可能迫於種種現實原因的限制，非行走在水路設施周邊不可，然而殖民者賦予宣導任務的林阿仁必須基於法令規定疏導違規農人，雖然在《幸福的農民》影片看不到那位背脊挺直站在牛車上的農人不滿現實的反抗姿態，但是閱讀了〈牛車〉那段夜裡把那為商人立法的「道路中央四周不准牛車通過」的路碑，合力摔到田裡，行走在黑暗世界的夜行牛車的文字細節，對於《幸福的農民》影片中那位駕著牛車的農人在鏡頭之外的反抗姿態的聯想，是與當時在現實裡農人們普遍存在的窘境較為契合的。

　　真杉靜枝的〈鳥秋〉，小說中的「八重搭火車南下時看綿延的甘蔗田，與母親搭公車聞到台灣人強烈的大蒜臭味，感受到台灣人特有的風景與氣味。然而，抵達雙親居住神社後，八重進入了一個全然的日本空間，八重的父親是神社的神官……再次交代神樂樂器講習期間不可食用大蒜，以免產生臭味」〔註53〕。八重以一個日本人的身分在台灣的旅途中，從台灣人飲食習慣的大蒜味道，以及自己所見有關她的家族親身生活在台灣的經驗，觀察了台灣人與日本人的差異性，無論是風景或生活習慣的不同，亦即是對殖民地他者的凝視。

　　龍瑛宗的小說〈植有木瓜樹的小鎮〉，對於覆蓋在台灣土地的樹種中，注意到顯而易見的木瓜樹。生長在貧農傾倒荒屋中的木瓜樹與白色牆壁富農的屋舍相對照，顯得充滿了生機、結實纍纍的矗立在崩壞的貧農居住房舍中，凸顯了木瓜樹生長的繁茂風景。然而最後，木瓜樹仍須回歸到豐饒的南國土地，公園內的木瓜樹似乎是代表著台灣的原生風景，陳有三幻滅絕望的心情，藉由這片原生風景來撫慰心靈，進而期待能打破殖民地存在的國別與階級差異。〔註54〕木瓜樹的木瓜雖是容易腐敗的水果，無論在日本住宅區或是貧農的住宅仍然到處結實纍纍的生長著，龍瑛宗以木瓜樹打破現實裡有形、無形的殖民地空間與階級的藩籬，甚至撫慰陳有三幻滅絕望的心情。

　　從真杉靜枝的〈鳥秋〉到龍瑛宗的〈植有木瓜樹的小鎮〉，小說中主人翁對於自身存在的周遭空間提出不同的感受，儘管八重一家人長期居住生活在台灣，就像作家真杉靜枝自身的台灣經驗，是以殖民地的題材來書寫帝國的

〔註53〕朱惠足，《現代的移植與翻譯：日至時期台灣小說的後殖民思考》，（台北：麥田出版，2011年），頁170～171。

〔註54〕王惠珍，《戰鼓聲中的殖民地書寫——作家龍瑛宗的文學軌跡》，（台北：台大出版中心，2014年），頁100～101。

邊緣，誠如小說中八重進入殖民地的日本神社後，感受到完全熟悉的日本空間，亦即無論日本人如何看待台灣的風景，其思考仍是從內地的考量出發，看到的風景是日本人的本體論之思維。另一方面，從台灣人的眼界來看待島內的風景是如何呢？龍瑛宗的〈植有木瓜樹的小鎮〉雖然是站在墮落的知識份子角度來書寫，但是荊子馨指出：「陳有三希望成為日本人是基於比較實用主義的目標，而非台灣人與日本人之間的本體論掙扎」〔註55〕。小說中到處生長的木瓜樹風景的比喻，也可以說是一種向現實屈斜的實用主義，不僅是陳有三，也代表一般台灣人對於殖民統治不得不的妥協心情。

《幸福的農民》的影片對於農村風景的畫面與構圖，為符合殖民者一廂情願的宣傳意圖，透過林阿仁這位人物角色的設定，塑造成宣傳嘉南大圳事業的幸福代言人，再藉由紀錄農村的場面調度與穩定的鏡頭剪接，呈現了只有一種單一性的殖民者官方立場，因此，農村的風景或他者的特色已不明顯，都統合在強烈的宣傳的視覺符碼上。這樣的觀看風景經驗，是與真杉靜枝的〈烏秋〉主人翁八重帶有異國情調的在搭火車南下時觀看綿延的甘蔗田風景，有所不同，可從八重其內心對於台灣人與自己家族長期滯台經驗的看法，觀察出是兩種不一樣的觀感，看出些許端倪。真杉靜枝本身的台灣成長經驗，雖有其獨特的殖民地觀察視點，而透過八重這一位小說的主角，看到不一樣的殖民地風景，甚至將殖民地台灣形容成「烏秋」一般的鳥禽。

真杉靜枝小說〈烏秋〉透過「烏秋」〔註56〕的意象：

> 巧妙的將南支那與殖民地台灣、小說裡的崇敬玉、〔註57〕八重的姊妹、八重的兩趟旅行等彼此不相干的空間、女性與旅行，集中連接於「日本帝國」這個中心輻輳……透過台灣特有的鳥類烏秋，日本、南支那、台灣分別成為對華戰爭中的帝國主義、戰爭前線，以及大後方，三個遠隔的空間彼此產生有機連結……小說中將八重旅程銜

〔註55〕荊子馨著，鄭力軒譯，《成為日本人：殖民地台灣與認同政治》，（台北：麥田出版，2006年），頁180。

〔註56〕烏秋的個性強烈且總能以小博大，民間傳說經常看到烏秋對著鳶撲過去，每次都是烏秋占優勢，鳶拼命逃走。據聞是因為鳶與烏秋曾締結約定，結果烏秋完成約定後，要求鳶履行諾言，鳶卻翻臉不認帳。自此以後，烏秋一直責怪鳶，每次碰面都向他挑戰。參閱國分直一，《台灣的歷史與民俗》，（台北：武陵出版，1991年），頁58。

〔註57〕〈烏秋〉小說主角桐野八重的友人崇敬玉是南支那派遣軍部隊的一位女性，崇敬玉的父親是中國人、母親是日本人。

接的三個空間，轉化為「同一」的帝國空間結，預示著八重家人在
台灣遂行殖民地教化與皇民化的日常生活，很快地將會出現在南支
那——與台灣一樣的漢人居住的地方。〔註58〕

身穿卡其色國民服的人們，高聲地互相談論南方開發事業。無論是
哪一種聲音聽來似乎都尚未體驗真實的台灣，今天搭乘來自內地的
船，滿懷對事業的抱負、聲調高昂的聲音。〔註59〕

在火車車廂內，映照於八重眼中的此時期來到台灣的日本人形象，
很明顯的都是因戰爭動員與南進政策而來到台灣……〈烏秋〉小說
以因應總體戰而來到台灣的日本人，以及移民落腳殖民地台灣已久
的八重家族二者的「對照式書寫」，成為對日本帝國「便宜行事主義」
進行的隱喻性批判……**而台灣在中日戰爭爆發後，被期待扮演「中
介者」的角色，像「烏秋」一般，亦即「烏秋」雖小，但時機一到，
面對強大對手卻是毫無懼色，凸顯身處殖民地台灣「日本移民者」
對台灣的自負**……真杉靜枝的〈烏秋〉以近乎「灣生」的日本女性
視點透露對台灣戰時定位的認知與自負，以及對帝國內部長久以來
施予殖民地台灣的輕侮與漠視，進行暗喻的批判。〔註60〕

真杉靜枝的國策文學書寫，尤其揉合了對台灣的期待與日本帝國的優越感，
將台灣比擬成「烏秋」這種鳥類的「中介者」習性與角色，透過八重在台灣
的生活經驗來觀看殖民地的風景。然而比較《幸福的農民》的宣傳意圖，是
將嘉南大圳興建完成所提供的水利灌溉與組織農民配合協力，共同促進台灣
農村生產，是殖民者以單方面的視角，對於能有效率的、快速的壟斷或累積
來自殖民地農業利益為前提，透過紀錄影片的製作，篩選有利於殖民者的論
述來觀看風景。〈植有木瓜樹的小鎮〉則是以木瓜樹這種殖民地特有的果樹
風景，破除殖民者與被殖民者居住空間的藩籬，雖然陳有三無法突破現實與
心靈的挫敗，而小鎮到處木瓜樹結實纍纍的風景，仍有慰藉挫敗的些許因
子，不致跌入永無止盡的敗北深淵，埋下未來能夠與日本平起平坐的內台融

〔註58〕 朱惠足，《現代的移植與翻譯：日至時期台灣小說的後殖民思考》，（台北：麥
　　　　田出版，2011年）。頁174～175。
〔註59〕 真杉靜枝，〈烏秋（おうちう）〉，《ことづけ》，（東京：新潮社，1941年），頁
　　　　50。朱惠足翻譯。
〔註60〕 吳佩珍，《真杉靜枝與殖民地台灣》，（台北：聯經出版，2013年），頁90～95。

合目標的伏筆，這也是龍瑛宗日後不斷創作所追尋的，尤其是他在戰爭期間的作品中經常存在的一種基調。

從《幸福的農民》影片的珍貴影像紀錄的農村風景，到眞杉靜枝〈烏秋〉將台灣比喻成類似「烏秋」的習性來觀看殖民地的風景，不斷的游移在內地、內地移民者、台灣的想像間，具有獨特的複雜向度在觀看風景。再如隨著龍瑛宗〈植有木瓜樹的小鎮〉作者耽美的用字遣詞，從文字當中所窺見的風景細節，是以冷靜客觀的知識份子的角度思考著難有出口的處境。敘述殖民地風景，不一樣的國族背景、價值取捨或意識形態，其詮釋的原則與方式是迥異的，所採取的鏡頭角度或書寫策略也迥然不同，從這些不同文本的風景中慢慢拼湊當時歷史的痕跡，釐清更多歷史事實的眞相。

雖然眞杉靜枝〈烏秋〉是服膺於戰時國策文學的書寫模式，但是〈烏秋〉小說的獨特視點，所暗喻的帝國內部與殖民地台灣的內地移民者，對殖民地台灣的認知有著不同的差異，呈現出帝國中心的國策（理想／絕對）與帝國邊緣內地移民者（現實／相對）的差異態度。就像〈站長的少妻〉[註61]，「車站下層官吏的妻子群像宛若『帝國邊緣者』的縮影」[註62]。「同時它也投射出許多生長於殖民地台灣的日本青年男女對帝都的嚮往，及隱藏在其背後的空虛、苦悶與自卑情結」[註63]。

> 我每個月辛辛苦苦存錢，那也是因爲一心想著，不久以後回到內地，
> 可以做點生意甚麼的。你說說看，我是不是很笨？假如做生意賺了
> 錢，他那種人到頭來一定會拋棄我，去勾引年輕藝妓的。[註64]

眞杉靜枝〈站長的少妻〉以自身的經驗爲基礎，呈現滯台日本人在殖民地生活的寂寞與苦悶，也可以看到殖民母國是如何形塑與接受殖民地台灣的形象，從中觀察殖民者和被殖民者之間的接觸情形。[註65]或許從〈站長的少妻〉可以窺見從性別視點中發現在日本人心目中複雜的台灣形象，也提出大部分在台日本人的過客心態。此外，從《幸福的農民》影片呈現的殖民地風

〔註61〕眞杉靜枝，《駅長の若き妻》，《大調和》第一卷五號，1927 年 8 月

〔註62〕吳佩珍，《眞杉靜枝與殖民地台灣》，（台北：聯經出版，2013 年），頁 46。

〔註63〕王德威、黃英哲主編，《華麗島的冒險：日治時期日本作家的台灣故事》，（台北：麥田出版，2010 年），頁 250～251。

〔註64〕王德威、黃英哲主編，《華麗島的冒險：日治時期日本作家的台灣故事》，（台北：麥田出版，2010 年），頁 43～44。

〔註65〕王德威、黃英哲主編，《華麗島的冒險：日治時期日本作家的台灣故事》，（台北：麥田出版，2010 年），頁 238～241。

景，是為服膺完成嘉南大圳事業後的農業增產目的之觀點來拍攝，試圖呈現經過殖民者精心建造的現代化水利灌溉設施後帶來的農村豐收景象，而對於不得不長期留滯在台灣的日本人而言，嘉南大圳的完成能更加速累積殖民政權獲取農業生產資本的利益，惟有快速的達成資本的累積，才能夠促使這群來自內地彷彿暫時被放逐異地的帝國邊緣者，早日回到嚮往的帝都懷抱。

　　阮裴娜評論林芙美子《浮雲》，認為林芙美子的作家之眼馬上就看穿小說中隱藏的女性對立，以女主角由紀子詳細評估瑪麗（法日混血）和妮芙（越南女傭）兩位女性，日本繼受來自西方的現代性之後，進而認為：西方是一種建構在既有吸引力又具威脅性的想像，而東方卻是一個確知經驗下的實體，毋需特別去細察其「扁平」表面下的內容。所以阮裴娜進一步指出女主角由紀子對待瑪麗和妮芙的態度是不同的，由紀子本身是亞洲女性，很清楚的知曉那張「扁平」臉孔背後是甚麼，亦即，由紀子把妮芙（越南女傭）排除在競爭對手之外，尤其是在「性」方面的競賽，既要模仿瑪麗，又要比瑪麗更好。〔註 66〕所謂瑪麗，可以比喻成一種概念：生活在帝都享受來自西方移植至日本的現代化精神或物質的成果，也是在異地台灣的帝國邊緣者所追求嚮往的帝國核心所在。

　　從另一方面來思考，倘若《幸福的農民》影片公開播放給在台灣打拼的內地人觀看，雖然影片內容是經過相當程度的包裝與修飾以符合宣傳目的，當帝國邊緣者們看到帝國為能有效率地獲取農業生產資本的利益而用心打造現代化設施，而且與帝國邊緣者們同一時空共同生活在異地的殖民地他者（異種族）精彩之民俗紀錄，也能獲得另一種不同的內部宣傳的效果，弔詭的是，或許可以向殖民者的內部成員建立對於殖民政權的自信心或安定中下階層帝國邊緣者對於帝國效忠的心理建設。

第二節　《幸福的農民》呈現的農村家庭生活與集會

一、農村的家庭生活

　　傅欣奕的研究指出，《幸福的農民》影片採用了「進步」對比「落後」的

〔註 66〕阮裴娜著、陳美靜譯，〈性別與現代性：日本臺灣文學中的殖民身體〉收錄於李奭學主編《異地繁花：臺灣文論選譯（上）》（臺北：國立臺灣大學出版中心，2012 年），頁 105。

手法。直順庄張清榮的住所是明亮且整潔的磚造民房，擁有平整的前庭，飼養許多雞隻家禽；對比後善庄林阿仁的所住，其屋頂是覆蓋著茅草的土角厝，低矮又黑暗，前庭散置著各種雜物。亦即經濟面的富足與凋敝，營造出生活環境面的整潔衛生與陳舊破敗之對比。〔註67〕

為因應建築物之用途、規模、風土等不同條件，台灣傳統建築的結構形式有些許的差異，主要可分為四種：磚厝、土角厝、架筒厝、柱仔腳厝等。其中土角厝以晒乾的土磚為主，農家廣為採用。〔註68〕片岡巖的調查指出，台灣村莊的家屋，因貧富及家庭成員多寡而不一，至於貧家多用竹柱，屋頂蓋茅草。〔註69〕

而林阿仁所住覆蓋有茅草的屋頂，由於台灣也出產茅材，不僅是被原住民廣泛的使用，漢人也利用它作為修茸屋頂的材料。〔註70〕《幸福的農民》影片對於農家家庭生活的影像呈現，主要在於原本後善庄農民依賴看天田，對於農作物的收成與否都不積極尋求科學有效率的方法，凡是憑藉大自然的造化或傳統的水利灌溉溝渠設施，造成農作收成的不穩定與不確定性，當然影響殖民地農業經濟或糖業資本的發展，因此影片用大量的影像敘述後善庄農民因農業收成不佳，而轉嫁係肇因於老天爺不賞飯吃，從而消極怠惰不事生產的情形，形容庄民沉淪於彈奏樂器或棋藝等玩樂。

尤其又以林阿仁家茅草屋頂的土角厝對比張清榮家的磚造民宅，特寫鏡頭的林宅顯得外觀鋪設的茅草凌亂且屋內採光陰暗，站在門前的兩位小孩，屋內的光線昏暗到幾乎看不清楚人物的輪廓；相反的，張宅以遠鏡頭呈現整體宅第整潔清爽的外觀且光線充足明亮，強調屋前寬敞的廣場可供收成曬穀使用，餵飼家禽的大人與小孩穿著整齊，人物的輪廓清晰可辨。至於張宅門前飼養的家禽成群，反而林宅飼養的犬隻數次出現在鏡頭裡，家禽成長後可供宰殺，具有食用的經濟價值，而犬隻乃會增加餵食成本。從林宅或張宅房舍的外觀到人物角色出現的方式，以及飼養家畜的不同情形，可以觀察出影片刻意的描述兩種不同模式的農村生活影像來做比較，企圖予以區分出二者的生活品質之優劣。

〔註67〕傅欣奕，《日治時期電影與社會教育》，（台北：台灣師範大學台灣史研究所碩士論文，2013年），頁100。

〔註68〕藤島亥志郎著，詹惠玲譯，《台灣的建築》，（台北：台原出版，1993年），頁101。

〔註69〕片岡巖著，陳金田譯，《臺灣風俗誌》，（台北：眾文圖書，1987年），頁77。

〔註70〕藤島亥志郎著，詹惠玲譯，《台灣的建築》，（台北：台原出版，1993年），頁27。

此外，來自張清榮家派出的使者前往林宅拜訪，使者手持著包袱與本書下一目探討的「農村的集會」之「二、農村的集會」有關林阿仁前往夜學上課所持的包袱，從影像來觀察二者的包袱幾乎相同，從包袱外觀來看應是包裝著書本，研判即有可能是夜學使用的書籍，因此可以推測使者應是拜訪完林宅後，可能即前往夜學上課。爲下一個影片段落「夜裡練習國語」（夜は国語を練習す）埋下伏筆，提前暗示著影片觀賞者，直順庄民能夠擁有學習國語的權利，是服從殖民者的指導接受嘉南大圳的事業而致使農作豐收無虞，進而有機會學習現代化的日語，擺脫昔日的落後與窮困。

爲醜化後善庄民陳舊迂腐的生活習慣，影片特別播放林父在張清榮派遣的使者面前開始吸食鴉片的情形。接著影片裡的林父主動引導張清榮派遣的使者就坐，林父自己卻蹲著繼續吸食鴉片，鏡頭前影像呈現的畫面是使者手持著準備前往夜學上課裝有書本的包袱坐在高處，而林父卻蹲在低處吸食鴉片，二者保持這樣的姿態交談互動，影片一方面透露林父即欲擺貧困現況，主動向使者示好尋求解決方法，另一方面也暗示著直順庄與後善庄在殖民者的觀點裡是不同的地位，形容低劣的後善庄民沈迷吸食鴉片的不良生活習慣，只能在低下處仰望模範農村派遣的使者。

此外，林阿仁欲前往直順庄幫忙務農前，走出自家門時是光著腳走路，看似從陰暗窮困的土角厝彎著腰赤腳走出來，臉上充滿茫然的表情，如此困頓的意象，對照著林阿仁走進張清榮宅前，直挺的身軀穿著鞋子神采揚揚的走進張宅，對將來的前景是充滿希望的。同時，當使者引導林阿仁進入張宅時，原本在鏡頭前餵食家禽的張宅女性與小孩，遇見外人欲進入宅第大門前，即有先行從旁退避的動作，對照畫面顯見影片植入濃厚的父權思想，女性的地位僅能在家相夫教子從事家計事務，弔詭的是影片的字幕卡（字）「張清榮家」（張清榮の宅），是由一位女性在門內探望著外面的圖像，似乎暗示著儘管直順庄成員是殖民者塑造的幸福的模範農民，女性仍須在家中準備好一切等待辛勤工作的男性們返家，至於該圖像透露出女性對於外在世界的好奇，甚至是羨慕男性能去夜學學習國語，響往自己也能追求知識，本書擬在影片段落「夜裡練習國語」（夜は国語を練習す）中探討。

二、農村的集會

（一）現在的嘉南大圳工程實際狀況

　　《幸福的農民》的影片一開場即有集會的幾個鏡頭如下：影片第一卷於「農家的福音」（農家の福音）開場字卡之後，畫面直接進入集會的鏡頭（0'10"／70秒），聽眾們注視著演講者講解牆上的嘉南大圳計畫圖，尤其是特寫放大的嘉南大圳計畫圖，展示著因嘉南大圳興建受惠的區域，鏡頭再帶入會場，演講者繼續面對聽眾講演，接著背對鏡頭工整的寫完黑板的字，然後繼續講述。而在字卡「現在的嘉南大圳工程實際狀況」（現在の嘉南大圳工事の實況）畫面之後，演講者將一張寫真照片發給聽眾傳閱，鏡頭由照片上呈現的工事實況，直接跳接至現場實況的動態影片，以上詳見影片 1'21"／14秒。

　　觀眾對於紀錄片中無接縫般地過於流暢的剪輯，或是攝影機將片中特定人物的視點做對應的手法，會產生質疑，因為這是劇情片裡經常會出現的第一人稱或主觀地呈現時間與空間的手法。但是觀眾又對於某些紀錄片（非經過事先場面調度的安排），惟經過預先規劃設計的影像構圖或攝影角度，仍可接受。亦即，如果拍攝過程中，拍攝者再予以重新安排攝影機的位置，誠如尼寇斯（Bill Nichols）所言即是把：「歷史轉化為場面的調度，而跨入虛構敘事的領域」，〔註71〕也就變成劇情片慣用的敘事手法。

　　理查·戴爾（Richard Dyer）指出「『有色人種』（people of color）一詞作為「非白人」的稱呼，暗示白人是沒有顏色的、是基準的、是規範的……即使在照明技術及特殊方式的電影照明（打光）上，也有種族的暗示，甚至電影技術手冊中，都假設標準的臉孔即是白人的臉孔」〔註72〕。

　　「現在的嘉南大圳工程實際狀況」的影片段落，探討集會裡的講師與學員關係，從影片裡呈現的講師講解牆上的嘉南大圳計畫圖的臉部特寫表情，或是背對鏡頭在黑板寫上工整的「嘉南大圳工事」字體，連講師寫板書的肢體動作都是鏡頭刻意捕捉的焦點所在，這一個影片段落有關集會的人物影像，講師的臉部表情與肢體動作是鏡頭攝取的重點，學員們都背對著鏡頭，加上默片的無聲語境的因素，觀者很輕易的推測講師係為日本人，這也呼應

〔註71〕尼寇斯舉例了太平洋戰爭中，麥克阿瑟將軍當他重新踏上呂宋島時，攝影記者們要求麥帥重新登陸一次，讓他們擺好位置，這即是把歷史轉化為場面的調度的例子，參閱李道明，《紀錄片：歷史、美學、製作、倫理》（臺北：三民書局，2013年），頁184。

〔註72〕Robert Stam 著，陳儒修、郭幼龍譯，《電影理論解讀》，（台北：遠流出版，2002年），頁377。

了理查・戴爾（Richard Dyer）指出「有色人種」（people of color）的概念，由殖民官方色彩濃厚的台灣教育會製作的宣傳嘉南大圳事業的《幸福的農民》紀錄片，影片開場出現的講師揭示了宣傳的主題，暗示了日本人是基準的、規範的，雖然無白人與有色人種的身體外型特徵的明顯差異性，但是觀者對於攝影機與片中特定人物的視點做對應的做法，特別在《幸福的農民》這種對於農民期待農作豐收的心態所製作的紀錄片觀點，對於農民身分的觀者而言，片頭開場由日本人身分的講師擔綱演出，具有相當的說服力，尚符合《幸福的農民》影片製作者宣傳的意欲。

（二）夜裡練習國語

影片於「夜裡練習國語」（夜は国語を練習す）開場字卡之後，林阿仁從張清榮的宅第前往「直順國語夜學會」上課，在課堂上，影片清楚的呈現講師的教學與林阿仁授業互動的情形（15'23" ／ 25 秒）。在張清榮的宅第門口目送林阿仁前往夜學上課的一位女性，其解讀耐人尋味，究竟僅是單純的送行？或是羨慕林阿仁能有學習識字的機會？而女性在此的出現，以性別的意義而言，從殖民者與被殖民者的關係來解讀，殖民地的教化裡，被殖民的男性無論在農村社會的勞動生產階層之地位，或是放至整體殖民社會的位置，都是優先擁有學習語言文字、理解知識的資格順位。

影片裡，林阿仁起身朗誦黑板的日語假名文字時，鏡頭帶到的共學同僑們，老少參差，或許為凸顯林阿仁的向學，刻意安排讓同僑們在影片裡顯得面無表情、目光呆滯，而非熱絡的參與學習。影片製作者的意欲，是否強調推廣直順村的夜學，係附加有強制的意味，亦即執行殖民教化與嘉南大圳事業計畫宣傳的雙重任務，的確耐人尋味。

另外，直順庄農民在夜學上課學習日語，講師講解黑板上的日語練習例句：「天氣、大ヘンアツイデスネ、スコシ雨ガアリマセン」（天氣很炎熱，根本不會下雨。）例句裡的漢字：「天氣」、「大」、「雨」等字有標註片假名，亦即黑板上所有的日語字體都可對照片假名，學習其日語的發音。試想影片塑造直順庄的農民順服嘉南大圳事業的政策，獲得農作的豐收，農忙之餘還不忘積極向學，學習日語，尤其影片以林阿仁為樣板人物，增加戲劇性。

而本書前面曾探討《幸福的農民》影片的所有字幕（卡）刻意選擇儘量以漢字來表示，係針對當時放映時，觀眾對於日文不熟稔或是完全不懂日文，但若純粹以視覺去辨認或想像其大致的意義，前文所述的使用漢字與假名的

組合方式，其呈現的漢字所受的假名干擾最少，而且又可以表達正確的日語文字形式。緣於《幸福的農民》默片的無聲語境之形式，字幕（卡）儘可能大量使用漢字，尤其對於農村觀眾的觀看理解就顯得相當重要。誠如前述直順庄農民在夜學上課學習日語必須借助假名的發音來學習，也就是當不熟稔日語（假名）的農民觀眾們，無法僅從影片畫面的黑板所呈現：「天氣、大ヘンアツイデスネ、スコシ雨ガアリマセン」的漢字「天氣」、「大」、「雨」等去猜測或推斷整句的概括意義。因此影片藉由大量的假名文字畫面，凸顯「日語學習」這件事對於農民觀眾而言，所代表的「現代性」意義。至於《幸福的農民》影片的內容更是將直順庄的農民因順服嘉南大圳事業的政策，才得以滿足農作豐收的個人及家庭的溫飽，進而才有餘力進入夜學充實日語學習，俾吸收更多現代化知識與技能，甚至配合殖民地語言政策，提出了暗喻。

國語具有帝國內部凝視及自我滿足的功能，它，戰爭時期的日本甚至將其衍生為強調日語、日本精神，以及日本文化象徵性的三位一體。〔註73〕1896 年 3 月 31 日總督府公布「台灣總督府直轄諸學校官制」，據此而在台北設置「國語學校」，再於全島設置 14 所「國語講習所」。後來於 1898 年設置公學校，以六年的公學校教育，完成包括修身、國語、漢文、算數、唱歌與體操等課程，而公學校招收 8 歲至 14 歲的學童。〔註74〕1910 年代台灣的殖民地官員已認為教育在殖民統治的重要性，認為透過教育可以將殖民地舊社會的成員加以教化，轉變成為符合現代經濟所需而具備高效率工人的素質〔註75〕。由於台灣人講日語最有效的方式是透過學校教育的傳授，倘若公學校畢業生的人數不多，即意味著台灣人能講日語的人口比例偏低。有關台灣總督府的「國語解者」調查，所謂「國語解者」是指在日常生活中能夠使用國語的人，在 1930 年達到 12.36%。〔註76〕

為了讓殖民地社會無法接受小學教育的人學習日語而設立的國語講習所，以 1929 年設立在台中州的國語講習所為濫觴。此外，為配合農民工作所需，而有「簡易國語講習所」的設施，每年上課六十天，供失學的青年以及

〔註73〕阮斐娜著，吳佩珍譯，《帝國的太陽下：日本的台灣及南方殖民地文學》，（台北：麥田出版，2010 年），頁 171。
〔註74〕E. Patricia Tsurumi 著，林正芳譯，《日治時期台灣教育史》，（宜蘭：仰山基金會，1999 年），頁 15。
〔註75〕同前註，頁 47。
〔註76〕周婉窈，《海行兮的年代——日本民統治末期台灣史論集》，（台北：允晨文化，2003 年），頁 83。

二十五歲以上者學習日語。而因官方的統計上講習所的肄業生和畢業生都算作是「國語解者」，惟講習所的課程安排比較鬆散，且學習時數少，即使修習完國語講習所的課程，其日語程度仍有問題，更遑論是在中途肄業的學員，因此不少被算成「國語解者」的人實際上講日語仍有困難。〔註77〕

《幸福的農民》影片的「直順國語夜學會」的國語研修，由夜學的成員與上課情形來觀察，應是偏重於國語的學習，且因協力配合嘉南大圳事業的直順庄民，使用現代化的灌溉水利工程，蒙受現代性的優點所帶來的豐收，也能讓農忙之餘的農民，得以接觸學習代表現代性的國語——日語，透過日語得以讓農民更便捷的吸收現代性知識，並能順利掌握日語直接向殖民當局溝通。

反面說法，如果不協力配合嘉南大圳事業的後善庄民，會因為傳統的不科學、不進步的水利方法，各種大自然或天候等不確定因素，導致農獲收成不佳，影響農村經濟，甚至轉而迷信祈雨，惡性循環下，被現代性便利所遺棄的後善庄民，怎有餘力去學習國語。當然唯有先接受現代性的協力配合嘉南大圳事業，才能進而接受現代性的日語作為進步的語言溝通工具，也是《幸福的農民》影片的宣傳意涵。

此外，日治時期鄉下地方開始出現國語普及會，並流傳著「國語普及用一等當選歌」：

> 一、今天的工作做完了，快點準備吧，學校已點亮了燈火，呼喚朋友一起去吧。二、生在偉大的國家，卻不知道國家的語言，沒有比這個更羞恥的事，一起拼命努力學習吧。三、記得的國語回家後也要教教親兄弟，早晚見面問候，大家都要用國語。四、如果會講國語，就能和台灣的任何人講話，互相親近過生活，大家一起來學國語吧。〔註78〕

這首「國語普及用一等當選歌」的歌詞內容，正符合《幸福的農民》影片製作編選「直順國語夜學會」影片段落的宣傳目的，鼓勵民眾將學習國語的態度融入日常生活中，塑造講國語的風潮，唯有使用國語才能在全島溝通無障礙。以林阿仁做為影片典範的「直順國語夜學會」夜學活動，農忙之餘主動

〔註77〕周婉窈，《海行兮的年代——日本民統治末期台灣史論集》，（台北：允晨文化，2003年），頁84。

〔註78〕竹中信子著，熊凱弟譯，《日治台灣生活史——日本女人在台灣（昭和篇1926～1945）上》，（台北：時報文化出版，2009年），頁358。

積極向學的林阿仁，相當吻合歌詞的意旨。至於在張清榮的宅第門口目送林阿仁前往夜學上課的一位女性，在影片裡似乎也隱喻著婦女是否因礙於農村普遍輕視女權的家父思想，雖無法突破傳統巢臼，但也渴望著能像林阿仁一樣的學習國語。而 1927 年放映的《幸福的農民》影片，在當時的時空環境下，一般婦女較無機會學習國語，惟日後卻有所改變。

1933 年以後，國語講習所的學習者大幅增加，甚至吸引許多婦女走進國語講習所，例如：台北大稻埕八十餘名藝妲有半數不會講國語，不會講國語的藝妲收入只有會講國語者的一半，為了學國語，而拼命地從五十音開始學習。此外，因 1933 年這年春天增設了 250 個班級設置國語講習會都還不夠，甚至聘請了師範師資或其他具有教員資格者也不夠。為能有效地增加教員的名額，因此台灣教育會決定對於有意願擔任小學校或公學校教員的民眾，開辦教育講習會。〔註79〕

1933 年 3 月 1 日在總督府官邸舉辦台北州的國語講習會，會中由基隆雙葉女子青年團演出的戲劇《理想之峰》，其國語程度讓人覺得兩名女主角是內地人，女主角之一的蘇玉烟謝幕致詞說：「演出拙劣，承蒙觀賞」，現場某位內地帶有九州腔的參謀說道：「我們才真應該要進國語講習所吧」。另外例如台中州南投郡名間庄成立的私立國語講習所弓鞋分校，講師張六蘭出身自彰化高女，其中學員共有五十名是女性。〔註80〕

根據中國學者李道新比較台灣教育會的《幸福的農民》與滿映的《光輝的樂土》之研究指出，《光輝的樂土》的影片字幕中的文法往往是日漢混雜的情況，例如：

> 像這樣在合作社市場得到公正的交易，手數料又很少，當時又能領
>
> 到現錢，所以利益是很增多。〔註81〕

《光輝的樂土》的影片字幕使用了大量類似上述帶有日語思維的漢語，按當

〔註79〕竹中信子著，熊凱弟譯，《日治台灣生活史──日本女人在台灣（昭和篇 1926～1945）上》，（台北：時報文化出版，2009 年），頁 358。

〔註80〕竹中信子著，熊凱弟譯，《日治台灣生活史──日本女人在台灣（昭和篇 1926～1945）上》，（台北：時報文化出版，2009 年），頁 361～362。

〔註81〕參閱李道新，〈從臺灣到滿洲：帝國的鄉村凝視與殖民的文化統合──以臺灣教育會攝影的《幸福的農民》與「滿映」製作的《光輝的樂土》為例〉，國立臺北藝術大學舉辦「東亞脈絡中的早期臺灣電影：方法學與比較框架 Early Taiwan Cinema: the Regional Context and Theoretical Perspectives」國際研討會會議論文，2014 年 4 月 26 日。

時滿州複雜的「民族協和」多音語境狀況，除了漢語外，滿州語、朝鮮語、蒙古語、日語的使用也相當頻繁，遂行日本欲在滿州建立大亞洲論的論述，爲大東亞共榮圈奠定基礎，而日語實際上仍凌駕於其他語言之上被視爲國家語而推行。〔註 82〕因此像前述《光輝的樂土》的字幕呈現出的語境，例如完全的日語詞彙「手數料」（てすうりょう；漢語的手續費之意思），「所以利益是很增多」明顯的語法遭受日語的影響。無論滿映的製作者使用這樣違和感的漢語之目的，是製作者本身漢語程度有待加強，或是考量「民族協和」多音語境狀況以接近協和語〔註 83〕概念的方式進行語言傳播的功能，總之是以強勢的日語來主導語境；而《幸福的農民》的所有字幕卻都是完全符合日語語法的語境，例如：使用日語的和製漢字「植付」（插秧）是漢語所無的字彙，而且語法完全符合標準的日語語法。

《幸福的農民》與《光輝的樂土》的拍攝完成年份，前後相差十年，甚至《光輝的樂土》是已經開始進入中日戰爭的 1937 年，這兩部同樣以農村、農民爲拍攝對象的宣傳紀錄片，無論當時殖民地台灣的日語實際的普及程度是否達到當局者的期望？滿州的語言政策是否遂行成功？因帝國對於台灣的殖民政策（南進政策）與帝國扶持滿州魁儡政權的目的（共榮的想像），畢竟有所不同；而因統治的政策目標不同，乃至於文化政策或語言政策的路線亦不同調，從這兩部影片當中的線索可以一窺其差異性。

眞杉靜枝〈烏秋〉小說中：

> 台語歌謠〈雨夜花〉首先受到八重以日語片假名表記發音的〈雨夜花〉（〈ウヤホイ〉），嗣後歌詞被改寫成爲宣傳戰爭意識型態的〈榮譽的軍伕〉（〈ほまれの軍夫〉），並且由前往「國語講習所」上課的台灣人女性哼唱。這些台灣女性的角色不但呈現出她們歷經著日本人家中幫傭、在糖廠甘蔗園工作、夜間「國語講習所」的課程等等「現代化」與「日本化」合而爲一的生活經驗，同時也呈現出台灣在成爲「日本」之後，進一步成爲戰爭下的「日本帝國」之歷史現

〔註82〕 李文卿，《共榮的想像——帝國・殖民地與大東亞文學圈》（台北：稻鄉出版，2010 年 6 月），頁 333～337。

〔註83〕 依照岡田英樹的說法，協和語是中國人與日本人在日常生活中爲了溝通彼此的意思所使用的既非日語也非漢語的混和語（洋涇濱 pidgin），參見李文卿，《共榮的想像——帝國・殖民地與大東亞文學圈》（台北：稻鄉出版，2010 年 6 月），頁 339～343。

實。〔註84〕

另外，眞杉靜枝〈南方的語言〉小說中，藉由最難被同化的「老人」之語言同化過程，也間接批判了皇民化的成效，小說裡的「國語講習所」，每天由公學校的教師教導居民日語。某日郡守巡視時抽問，學員們完全無法回答，只有花子的婆婆（老人）能回答出正確的答案〔註85〕：

> 郡守の指は、李家の老婆に向けられたのであった。するとこの時、老婆は、その赤い花カンザシをつけた姿で、もそもそと立ちあがった。皺くちやな顔に例のお愛想笑ひをしながら、固いあぶなつかし発音で、「ソレハ、ボウシデ、アリマス」〔註86〕
>
> （筆者自譯：郡守手指向李家老婆婆，此時，頭上戴著紅色髮簪的老婆婆，帶了緊張的情緒站了起來，那滿是皺紋的臉上，擠出勉強的笑容，用既生硬又令人擔心的發音說道：「那是帽子吧！」）

「被殖民者在淺移默化中自然地成為皇民，相對地，官方皇民化運動以他者性的消弭為前提，進行單方向的強制灌輸，完全不具成效，反而暴露了官方面對異民族他者性的無能為力」〔註87〕。從眞杉靜枝的小說中可一窺具有日本人身分的女性作家，對於日治時期的後期有關皇民化運動之語言政策失敗的間接性批判，顯見如此積極地以官方高權式的姿態進行規制殖民地接受外來語言的經驗，終將係一種失敗的途徑。觀看尚未進入皇民化運動時期的《幸福的農民》影片，對於宣揚順服殖民政策的直順庄農民，安排至夜學學習國語的場景，也是完全由殖民當局一廂情願的進行單方向的強制灌輸其語言政策的樣板宣傳，這樣的脈絡之下，到了皇民化運動時期再以更高壓的同化政策手段實施後，仍出現了失敗的窘境。

（三）實行小組合

嘉南大圳能夠順利運作與水利實行小組合的配合有密切的關係，而實行小組合在嘉南大圳組合的指導下，直接與郡街庄基層的農事實行組合保持密

〔註84〕朱惠足，《現代的移植與翻譯：日治時期台灣小說的後殖民思考》，（台北：麥田出版，2011年），頁173～174。

〔註85〕朱惠足著，〈日本帝國下國族與性別的邊界協商：日治時期的台日通婚書寫〉，《中外文學》，（台北：台大出版中心，2014年6月），第四十三卷第二期，頁71。

〔註86〕眞杉靜枝著〈南方の言葉〉，《ことづけ》，（東京：新潮社，1941年），頁19。

〔註87〕朱惠足著，〈日本帝國下國族與性別的邊界協商：日治時期的台日通婚書寫〉，《中外文學》，（台北：台大出版中心，2014年6月），第四十三卷第二期，頁71。

切關係，共同推動各種農業政策。曾任嘉義郡水利組合理事的大津義人形容：「小組合的設立，水利增進人民福祉，促進農民自覺及農村更生的第一主義。」〔註88〕

影片在有關實行小組合組織的推廣（4'32" / 14 秒），演講者身後的黑板工整的字樣呈現：「**嘉南大圳工事、昭和五年三月完成、実行小組合組織、小水路施設**」。《幸福的農民》影片於昭和二年開始公開放映，但是在影片中預告著嘉南大圳的工事即將於三年後的昭和五年完成，並且宣傳如何實行小組合組織與介紹小水路設施。

又有關嘉南大圳組合事業開始營運初期，由於農民對於自行組織並參加水利實行小組合的意願不高，因此由官方採強迫方式設置，或由官方慫恿庄長、保正率先在各管轄區域內組織實行小組合。所以小組合長成為成為官民溝通協調的重要角色。〔註89〕

影片中，會場內聽講者穿著西裝仔細聆聽，應似水利事業相關人員，或屬於公共埤圳嘉南大圳組合的行政管理階層以上的人員，〔註90〕再或者是為教育各行政區域內的小組合長或其他幹部等目的而召集的說明會議。而「關於實行小組合的組織及運作，實行小組合為水利組合最基層的自治性灌溉排水組織……設小組合長一名，小區長三名，顧問三名，均為榮譽無給職，選任已能通日語及年輕力壯者為原則」〔註91〕。從黑板上揭示的「嘉南大圳工事」、「実行小組合組織」、「小水路施設」的「工事」、「実行」、「施設」是日文的漢字，而且講演者神采奕奕的發表來觀察，影片的目的，除了積極宣傳如前述嘉南大圳的協力組織與設施外。是否另有意謂這段影片段落的演講者是以日語進行發表？尤其在默片裡無聲的語境中，讓觀眾更增添對於演講者是以日語進行發表的想像。

相對於直順庄民「夜裡練習國語」（夜は国語を練習す）的影片段落（15'23" / 25 秒），向配合協力嘉南大圳事業的農民教導日語；實行小組合

〔註88〕陳正美著，《嘉南大圳與八田與一》，（台南：台南市政府文化局，2011 年 1 月），頁 123。

〔註89〕陳正美著，《嘉南大圳與八田與一》，（台南：台南市政府文化局，2011 年 1 月），頁 123。

〔註90〕按陳鴻圖的研究，公共埤圳嘉南大圳組合的人員組織分三層：決策階層、行政管理階層、實際執行人員（實行小組合）。參閱陳鴻圖著，《臺灣水利史》，（台北：五南，2009 年），頁 229。

〔註91〕陳鴻圖著，《臺灣水利史》，（台北：五南，2009 年），頁 231。

組織的推廣的影片段落，透露出關於「工事」、「実行」、「施設」等須具備現代性知識與經濟資本，無論是否本島台灣人參與其中，仍須使用日語作為傳播或溝通的標準工具，日語不但是屬於知識份子間流通現代技術知識的語言橋樑，更是理解殖民當局政策的必要工具。至於直順庄的農民因努力配合當局，參與小組合組織，才得以受到嘉南大圳的小水路流經灌溉，享受科學化水利工程所帶來的農獲豐收後，進而才能在農忙休閒之餘的夜間學習日語，亦即，進入現代化的階段後，也必須具備現代化的標準語言工具——日語。

（四）頒獎表揚

有關《幸福的農民》影片「表揚林阿仁」（林阿仁表彰さる）（21'53" /41 秒），在戶外舉行表揚林阿仁的儀式，相當隆重的以外帳隔離出典禮的場所，區分場域的內外，表揚狀紀載著「……後善庄ノタメニ小水路ノ施設及農事ノ改良ヲ盡力スル處大ニシテ且ツ平常ノ素行モ青年ノ模範トスルニ足ル仍テ銀時計一個ヲ贈呈ス……」（……為了後善庄的小水路設施與農業改良付出最大心力，而且平常之素行舉止乃足堪青年之楷模，故贈與銀錶乙只……），對於林阿仁的表彰是以其盡心協助後善庄維護小水路設施與增進農作收穫，給予公開表揚，整個會場充滿著官方色彩，鏡頭刻意的拍攝列席長官的正面容貌，有穿著官服者及穿著西裝的本地仕紳或是組合會的幹部等，當鏡頭轉移至從列席長官的背後望向觀禮的群眾，甚至在會場入口處的外面，亦有群眾爭相觀禮。然而從整個頒獎表揚的影片來觀察，在肅穆的氣氛下似乎正進行一種神秘的儀式，以表彰林阿仁戮力盡忠與報恩的精神，誠如表揚狀記載的績優事項，褒揚林阿仁為了後善庄盡心盡力的努力去維護小水路設施與改良農業生產，如此的努力協助後善庄能夠徹底的轉型向模範農村的直順庄看齊，影片營造林阿仁在盡忠與報恩的表揚儀式裡，容易讓人聯想到是否也灌輸了彰顯武士道的精神，尤其這一個影片段落的鋪陳，從場景、觀禮的民眾、列席長官、頒獎者到受獎的林阿仁，所有的氣氛與人物的神情動作，處處潛伏著崇拜武士道的精神。

當「恩」被用來指涉最重要的、最大的定義，即「皇恩」，這種無限忠誠的天皇恩典，每個人都必須懷著無限的感激去接受。貫穿日本歷史的脈絡來考察一般平民百姓心目中最大的恩人，其實就是自己生活圈子裡的最高領袖，因此施恩者也可以是天皇以下的人〔註92〕。《幸福的農民》影片中的林阿

〔註92〕Ruth Benedict 著，陸徵譯，《菊與刀》，（台北：遠足文化，2014 年），頁 180～181。

仁，從報答林父的養育之恩與回饋後善庄的故鄉恩情，乃至於奉獻小水路組合或是殖民地當局，終歸於天皇的恩典所賜，這也是影片彰顯武士道精神的教育目的，包括林阿仁前往直順庄夜學學習國語，也是從說國語的過程中去認同國族與天皇的神聖性。武士道的內涵不僅止於外在的武術修練還包括：

> 武士道不只包含武術與兵器的使用技巧，也意味著忠於其主，重榮譽、負責任、有勇氣，以及在必要的時候在戰場上或儀式中犧牲自己的生命。〔註93〕

武士道的起源包括源自於禪宗與儒家的思想，以及由忠與榮譽構成的核心精神等，「在江戶時代『武士』位列四大階級之首，排在農、工、商之前，十九世紀末的明治時代雖然廢止階級制度，但他們積極的參與了日本的現代化工程，對日本社會發揮巨大的影響力，『武士道精神』成爲形塑日本文化非常核心的一個要素。」〔註94〕

「儒家在江戶時代武士的推崇下有長足的進展，忠與仁等儒家觀念先是滲透武士群體，接著進一步感染整體社會大眾，其影響甚至一直持續到今天的日本」〔註95〕。在《幸福的農民》影片中的林阿仁的行爲舉止，也確實充滿了仰慕儒家精神的作風，遵照林父的指派至直順庄學習小水路設施的灌溉方法與農業改良措施，利用農忙之餘勤於進修學習國語，再將所學回饋給故鄉協助加入嘉南大圳水利事業，並改善農耕方法，促進農業收成，其行誼成果足堪表率並獲得公開表揚，最後結婚成家立業。圍繞著以林阿仁爲中心的一連串的劇情發展，相當符合中國傳統根深蒂固的儒家的中庸思想「吾道一以貫之」的「仁」的概念。而武士道的儒家概念雖與中國士大夫的儒家觀念——修身、治國、平天下的進程有所差異，也各自發展出不同的思想體系，惟其基本的忠與仁等儒家觀念卻是相通的，而原本繼受自傳統中國儒家道統的殖民地農村，在《幸福的農民》影片中被包裝成武士道的儒家精神與作風，而呈現在影像裡的人物展演，審視其影像的衝突與不協調的違和感，其實並不意外，卻是弔詭的成爲一種必然的意外，因爲雙方都是源自於儒家文化的觀點所致。

〔註93〕Bushido ,Kodansha Encyclopedia of Japan,（Vol.1,p.221）東京：講談社。

〔註94〕羅傑大衛斯、池野修著，王家軒、劉建宏譯，《頑張り 28 個關鍵字解讀當代日本文化》，（台北：遠足文化，2012 年），頁 60〜61。

〔註95〕羅傑大衛斯、池野修著，王家軒、劉建宏譯，《頑張り 28 個關鍵字解讀當代日本文化》，（台北：遠足文化，2012 年），頁 66。

第三節　農村的結婚儀式

一、結婚儀式的影片分析

《幸福的農民》影片中珍貴的結婚迎親影像「阿仁與阿花結婚」（阿仁と阿花の結婚）（22'35" / 240 秒），令人印象深刻。片岡巖調查民間慣習，排列出新郎迎娶新娘的親迎回家之行列順序為：「新郎轎的後面有新娘的二姓燈、嫁燈、舉帳前轎、新娘轎、小司『隨嫁』及婆仔、婢女、次即扛禮品的人」〔註96〕。新娘到男家時刻意慢慢下轎，代表著新娘應保有溫柔的姿態，稱為「恬轎」。〔註97〕此外影片的迎親行列中不包括新郎林阿仁在內，只由男方派人去迎娶新娘，在當時是鄉下很流行的一種迎親方式，〔註98〕有別於新郎按照傳統的古禮，坐著花轎到女方家去迎娶，甚至是新郎乘坐汽車的現代迎親方式，有所不同。

影片自（22'35" / 68 秒）是親迎新娘回家沿途隊伍的情形，可以發現影片中採用大量的小孩來演出這一個段落，從影片的媒婆乘坐的轎子之後，即是一位扛著一根帶有根與枝葉的青竹的小孩，竹子的前端拴有豬肉，是一難得的「竹梳」〔註99〕影像。接著是舉著子婿燈的兩位小孩，然後是鼓吹隊的三位司鑼鼓的小孩，還有分別坐著兩部人力車的四位花童，而在新娘花轎之後，負責禮品者，則多是小孩。

按一般民間習俗，結婚迎娶乃是人生大事，依常理而言，小孩的心智發展尚未臻成熟穩定，以迎親隊伍安排小孩而言，在拍攝過程的指揮調度上應較大人困難，為求拍攝過程的順利，倘若由大人為主參與迎親隊伍，也是另一種拍攝選擇的策略。而《幸福的農民》影片選擇大量的小孩或少年在親迎新娘回家的行列中，在影片製作者的觀點裡，是否意味著小孩的思想與行為尚未社會化，意識較容易受指揮與支配。尤其迎駕隊伍到了男家後，四位花童原本各自手提的燈籠，由現場工作人員協助代為收起燈籠，並引導四位花

〔註96〕片岡巖著，陳金田譯，《臺灣風俗誌》，（台北：眾文圖書，1987 年），頁 21。
〔註97〕同前註，頁 23。
〔註98〕鈴木清一郎著，高賢志、馮作民譯，《臺灣舊慣習俗信仰》，（台北：眾文圖書，1981 年 8 月），頁 184～185。
〔註99〕「竹梳」象徵著新娘的貞節有如該青竹一般，永不變節，參閱鈴木清一郎著，高賢志、馮作民譯，《臺灣舊慣習俗信仰》，（台北：眾文圖書，1981 年 8 月），頁 186。

童離開鏡頭，這四位花童是選擇了所有迎娶隊伍裡年紀最小者，影片中明顯呈現著完全聽從於工作人員指示而動作，因此四位最年幼的花童提交燈籠與離開鏡頭，完全受制現場的大人所支配。至其他親迎新娘回家沿途隊伍的角色選定由小孩來擔任演出，從影片當中使人聯想，除了前述小孩的意識較容易受指揮與支配能迅速達到影片製作者需要的畫面以外，而若採用一般農民（成年人）來擔任演出的話，是否因農民本身的知識程度較不足與習慣勞動力使然，較不容易按照影片製作者的要求拍攝，亦即角色本身的表演模式無法像小孩般較容易受到影片製作者的制約，影響拍攝進度或影片製作者要求的完整度。這可由迎駕隊伍到了男家後，鏡頭裡周遭的民眾觀看迎娶行列時，每個人各自表情無論嬉笑或談論，時而東張西望，影像所呈現的畫面似乎自然到不受約束，也許可以用來推測為何影片製作者不招募農民成年人來演出迎駕隊伍成員的角色，而大量運用小孩來擔任的原因。

倘若以農民成年人來演出，是否會出現霍米巴巴所稱的「矛盾狀態」（ambivalence）：

> 殖民者對他者之表述的建構絕不是直接了當的，或者天衣無縫的。無論壓迫者和被壓迫者在政治上和倫理上的權力是多麼的不平衡和不平等，在威權的結構中，總有某種策略上的模糊性與矛盾狀態，而受壓迫者透過指向這些、透過能夠運用這些模糊性與矛盾狀態實際上是增勢了。〔註100〕

若這影片段落採用農民成年人來演出迎駕隊伍成員的角色的話，甚至選用那四位花童角色的年紀再長一些，或許對於觀影者而言，會有不一樣的觀影經驗，甚至有更複雜的解讀。

從《幸福的農民》影片（23'43" / 103 秒）迎駕隊伍到了男家後，媒婆乘坐的轎子到達後，媒婆下轎後，轎子立刻迴轉後移至他處，再來鼓吹隊伍進場，然後四位花童進場，且工作人員迅速收起花童手上的提燈並將花童帶離現場，最後新娘花轎進場，由新郎用手敲打轎子，同時又用腳踢轎門附近，已表示新郎有勇氣，也就等同向新娘示威，以便使新娘百依百從。〔註101〕嗣

〔註100〕生安鋒，《霍米巴巴》，（台北：生智文化，2005 年 12 月），頁 134。

〔註101〕《幸福的農民》的影片，是由新郎林阿仁用手敲打轎子，並非鈴木清一郎的調查是由新郎手持扇子打轎子，參閱鈴木清一郎著，高賢志、馮作民譯，《臺灣舊慣習俗信仰》，（台北：眾文圖書，1981 年 8 月），頁 190。

後轎夫打開轎門時要念「四句」吉祥話，〔註102〕惟因默片的關係，似乎省略了吉祥話的習俗。再由一男童捧喜盤，來到花轎前恭請新娘下轎（拜轎）後，由新郎手持米篩蓋在新娘的頭上，走出轎內後一起進入廳堂。這段落共 102 秒，影片所呈現的是一氣喝成的精彩剪接，在有限的短時間內，將農村結婚儀式中重要的迎娶至男方家過程，精彩的呈現。

　　緊接著是新人團體合照的場面，除了兩位新人之外，先前影片四位花童亦有入鏡，在研究日治時期婚嫁的文獻中，文獻中常見的是新人合照或沙龍照，反而影像方面的資料幾乎闕如，而《幸福的農民》影片的團體合照場面，藉由更生動的影像資料，提供了 1920 年代當時農村結婚時新人穿著服裝的姿態與肢體動作之動態表現。另外，還有四位花童在鏡頭前的表現，影片中從親迎新娘回家沿途隊伍裡乘坐人力車的花童，亦出現於迎駕隊伍到了男家後，再出現於新人團體合照的場面。四位年幼的花童在整個迎娶的影片段落裡，應是所有迎娶隊伍裡年紀最小者，且頻繁的入鏡，令人印象深刻，尤其迎駕隊伍到了男家後，四位花童原本各自手提的燈籠，由現場工作人員協助代為收起燈籠，並引導四位花童離開鏡頭，這是整個《幸福的農民》嫁娶影像中，少有的互動影像。對於當時公開放映的觀影者而言，影片製作者究竟著墨這四位花童的角色，要給觀影者帶來何種想像？爾或僅是單純的民俗紀錄？令人玩味。至阿仁與阿花兩位新人在新人團體合照的場面中，服裝所加入的現代化元素，則容後討論之。

二、影像紀錄與文學作品書寫之比較（張文環〈閹雞〉、龍瑛宗〈呂君的結婚〉、〈黃家〉、庄司總一〈陳夫人〉、蔡秋桐〈興兄〉）

　　日治時期小說作品有關婚姻儀式的作品，為配合《幸福的農民》影片的「阿仁與阿花的結婚」內容，本書以結婚儀式中的迎娶、新娘花轎與結婚宴客為主題，分別選擇不同作家的作品。迎娶的部分，選擇細膩描述迎親隊伍與敘述新郎穿著形式的張文環〈閹雞〉〔註103〕。此外，龍瑛宗於戰爭末期發

〔註102〕按鈴木清一郎的調查，轎夫打開轎門時要念「四句」吉祥話是：「今著轎門兩旁開，金銀財寶做一堆，新娘新婿入房內，生子生孫進秀才。」參閱鈴木清一郎著，高賢志、馮作民譯，《臺灣舊慣習俗信仰》，（台北：眾文圖書，1981年 8 月），頁 190〜191。

〔註103〕張文環完成〈閹雞〉於 1942 年 6 月 17 日，原發表於《臺灣文學》第二卷第

表的〈呂君的結婚〉〔註104〕小說，或許是配合時局要求的國策性書寫，細讀
之下可以發現作家一廂情願的「內台融合」期許所營造的奇特迎娶經驗。而
庄司總一的《陳夫人》〔註105〕藉由嫁入富豪台灣人家的日本女子的視角，尤
其是「媳婦」這個依附在傳統父權家庭結構的角色，由內地來的日本人來擔
任，從家庭倫理與身分認同兩條錯綜複雜的脈絡相互交涉中，看到另一種婚
姻的權利關係。相反的，蔡秋桐的〈興兄〉是從台灣人家翁的視角看待來自
內地的日本媳婦，與《陳夫人》小說中日本媳婦為主體的視角是有明顯的差
異性。

新娘花轎的部分，龍瑛宗的〈黃家〉〔註106〕對於轎子移動情形的細節性
描寫，一貫地呈現作家敘事的耽美細膩風格。蔡秋桐的〈興兄〉的反諷書寫
反映了被殖民者的無奈，並藉由主角興兄的行為來捍衛尚存一絲氣息的傳統
觀念的價值。

結婚宴客的部分，則以三部作品：蔡秋桐的〈興兄〉、庄司總一的《陳夫
人》、龍瑛宗的〈呂君的結婚〉為比較對象，再從〈興兄〉與《陳夫人》這兩
部以不同主人翁（台灣人家翁、日本人媳婦）的小說視角，來看待結婚宴客
的場景。最後再比較奇特的〈呂君的結婚〉中幾乎為無的宴客形式。

（一）迎　娶

作家龍瑛宗稱讚張文環是位有魅力的作家，作品令人愉悅，似乎沒有一
般作家常有的苦惱或創作上思想的苦悶，形容他是位有巴爾札克影子的風俗
作家。〔註107〕龍瑛宗又認為張文環是本島作家中，他最矚目的作家，形容是
具備散文精神的作家。〔註108〕張文環的小說〈閹雞〉有一段落描述熱鬧的迎
親隊伍，張文環用文字呈現了詳細的迎親隊伍的細節與場景，沿路辛勤農忙
的農人們，從隊伍旁的農田望向這一對三十幾個人的迎親隊伍：

　　　園裏的農人們都回過頭來看這一對三十幾個人的迎親隊伍，有挑禮

　　　三號，1942 年 7 月。
〔註104〕龍瑛宗，〈呂君的結婚〉，原題〈呂君の結婚〉發表於《台灣新報》青年版，
　　　1944 年 8 月 23 日。
〔註105〕庄司總一，《陳夫人》，原作品共分為兩部，第一部《夫婦》（東京：通文閣），
　　　1940 年 11 月出版。第二部《親子》（東京：通文閣），1942 年 7 月出版。
〔註106〕龍瑛宗，〈黃家〉，原發表於《文藝》第八卷第十一號，1940 年 11 月 1 日。
〔註107〕龍瑛宗著，林至潔譯，〈南方的作家們〉，《龍瑛宗全集・五（中文卷）》，（台南：
　　　國家台灣文學館籌備處，2006 年），頁 104。
〔註108〕龍瑛宗，〈《文藝台灣》作家論〉，《文藝台灣》第一卷第五期，1940 年 10 月 1 日。

> 物的，有嗩吶班，也有媒人乘坐的轎與六人花轎。三桂家前庭搭起
> 了帳篷，準備了二十張喜宴桌子，只等新娘駕到。親戚小孩們所放
> 的鞭炮，在街路的這個角落煽起了拜拜的氣氛，連一些大人們都笑
> 逐顏開，興高采烈的樣子。〔註 109〕

小說裡農人們的視線，再比對《幸福的農民》影片（22'35" / 68 秒）的迎親隊伍之段落的影像，影像所呈現的迎親隊伍，從攝影機所放置的位置而取景的構圖，相當於小說裡農人們的視線所及，迎親隊伍的 68 秒連續影像，對照著小說的敘述，提供了閱讀文字或觀看影片豐富的想像。

〈閹雞〉的結婚場合，由於村子裡的青年穿著西裝的經驗很少，眾人對於新郎的黑呢西裝與紅色皮鞋感覺很新奇。但如果再搭配穿著於一般村莊裡更少見的西洋燕尾大禮服，且加上大圓筒的禮帽，會讓人更訝異，甚至譏為笑柄。因此小說裡用生動的文字敘述庄長的兒子結婚時穿著的大禮服戴上大禮帽，在純樸的村莊裡出現如此突兀的妝扮，是如何的引起旁人側目。〔註 110〕此外對於披露宴舉辦前，新郎穿著令人注目的西服皮鞋，由親友陪同至應邀請的每家去分發香煙或檳榔以表達禮數：

> ……村子裡的青年們之中，婚禮時穿過西裝的沒有多少位，所以人
> 人都在注意看他穿著的情形……。〔註 111〕

張文環在〈閹雞〉裡，對於新郎的外在服飾等細節描述的相當細微。〈閹雞〉小說的村人們看到阿勇這生硬的新郎，便想起了庄長兒子結婚時穿著大禮服，戴上大禮帽，尤其村民無法容忍禮帽奇怪的桶狀，被當作是笑柄。相較於〈閹雞〉，早其十五年發表放映的《幸福的農民》，影片中的結婚儀式裡，新娘的服飾是充滿中國漢人傳統特色的禮服，且頭戴垂珠。而林阿仁在結婚儀式的場合裡穿著中國漢人傳統的禮服，惟頭頂卻戴上西洋形式的帽子（23'43" / 172 秒）。《幸福的農民》的影片製作由官方所主導，而林阿仁於結婚儀式的穿著，未見現代化的西服形式，但是緊接著影片在婚禮場景之後的廟埕前祭拜的場景（26'36" / 82 秒），林阿仁卻是穿著現代化的西服形式出現

〔註 109〕 張文環著，張恆豪編，〈閹雞〉，《張文環集》，（台北：前衛出版，2004 年 8 月），頁 224～225。

〔註 110〕 張文環著，張恆豪編，〈閹雞〉，《張文環集》，（台北：前衛出版，2004 年 8 月），頁 225～226。

〔註 111〕 張文環著、張恆豪編，〈閹雞〉，《張文環集》，（台北：前衛出版，2004 年），頁 225。

在鏡頭前，惟該祭拜的場景是在公開的宗教儀式場合裡，而且影片的段落仍是設定以林阿仁為主角人物，並非如同宗族家庭之間通婚的場景，屬於民間的私領域範疇，有關祭拜場景的影片段落，茲於本書第四章予以詳細的探討。

雖然日治時期台灣人即使是選擇傳統婚禮，還是會加入一些新元素，儀式可能依循傳統，但會加入部分新元素或新物件符合時代潮流，當時許多台灣人的結婚照中，新郎也有穿著英挺體面的西裝，而這種舊體新用的做法，不限於傳統的婚禮，包括日式結婚也是。〔註112〕這部《幸福的農民》為宣傳嘉南大圳事業為目的，影片設定的林阿仁結婚場景，為符合當時農村舉辦婚禮以傳統式結婚的儀式之實際情形，而選擇鏡頭前的新郎和新娘穿著傳統式中國禮服，然而林阿仁頭頂戴上西洋形式的帽子，除了符合前述舊體新用的嘗試做法，也應該是受到《幸福的農民》製作團隊與當時電影嚴格審查制度的許可，或許《幸福的農民》放映期間尚未進入統治後期的皇民化運動階段，因此，官方尚未要求影片必須配合宣傳鼓勵採行日式神前結婚之政策，仍對於殖民地傳統婚姻習俗採取包容的態度，探索《幸福的農民》這部由官方主導拍攝的紀錄片，對於傳統婚姻習俗的態度，自不待言。

龍瑛宗在 1944 年發表的戰爭後期小說〈呂君的結婚〉，小說宣揚因處於決戰時局，連婚禮的場合，新郎新娘都雙雙穿著國防色的防空警防團制服與工作褲，舉行非常簡樸的結婚喜宴。警防團長公森先生笑著說：

> 向來，台灣人為婚喪喜慶傾家蕩產，大擺排場，然而，以這次為契
>
> 機，斷然能舉行得簡樸，實在是一件可喜的事。〔註113〕

在太平洋戰爭期間「內台融合」國策性文本，彼時一直被當局鼓勵書寫，甚至龍瑛宗在「台灣決戰文學會議」中說道：「提案以文學彰顯八紘一宇，其結果有必要再創造融合的文學，偉大的文學之前嚴格地自我鍛鍊。」〔註114〕儘管龍瑛宗在〈呂君的結婚〉中很可能也只是一篇因應時局的國策性文本，也或許「雖有國家的意志貫穿其中，但不能忽略作家潛在的創作理念實踐」

〔註112〕像是曾擔任總督府民政長官的後藤新平，結婚時後藤夫人穿著傳統日式禮服，後藤新平則是一身西裝筆挺，滿腮黑鬍。參閱蔡蕙頻著，《不純情羅曼史》，（台北：博雅書屋，2011 年 9 月），頁 117。

〔註113〕龍瑛宗著，葉笛譯，〈呂君的結婚〉，《龍瑛宗全集·二（中文卷)》，（台南：國家台灣文學館籌備處，2006 年），頁 140。

〔註114〕參閱王惠珍，〈地誌書寫港市想像：龍瑛宗的花蓮文學〉收錄於陳萬益編選《臺灣現當代作家研究資料彙編 07：龍瑛宗》（臺南：國立臺灣文學館，2011 年 3 月），頁 207。

〔註 115〕，是龍瑛宗對於「內台融合」共體時艱的個人理想之追求。然而結婚對於普通台灣老百姓而言，是人生的終身大事，因此一般平常老百姓如〈呂君的結婚〉小說書寫這般的穿著防空警防團制服與工作褲舉辦婚禮，應該是少見，至於呂君恣意任性的中斷婚禮的進行，跑去參加防空演習，應該更為少見才是。

　　從《幸福的農民》影片到〈呂君的結婚〉小說，結婚儀式的場景描述，從保守的傳統儀式到服膺時局的配合國策。閱讀〈呂君的結婚〉小說，原本單純的結婚形式書寫，卻寓意有作者對於「內台融合」的想像境界。然而，再來參照《幸福的農民》影片，其所欲表達的提升殖民地現代化設施後，能夠帶來被殖民者享有的現代性科學化成果，進而被殖民者既可獲致農作物的經濟利益又可以安定的依循並維持原有的風俗慣習而生活，影片所呈現的是殖民者單方面賦予被殖民者的權利，是高權的、不對等的，反面來說，在殖民資本經濟體制下，殖民當局也可以隨時終止或剝奪被殖民者的權利。

　　所以《幸福的農民》影片演繹的傳統結婚習俗之紀實，雖有珍貴的民俗紀錄之歷史意義，惟仍是在殖民者的意圖下，配合殖民者的喜好而選擇性的建構集體的歷史記憶。毋寧說，影片中林阿仁的婚禮紀錄是殖民者的觀點，選擇了其認為足以展示農村傳統婚禮之形式，而林阿仁與其他的演員，僅是無自我意識的配合演出。反觀龍瑛宗的〈呂君的結婚〉小說，作家一廂情願的民族融合願景，呈現了超越國族的人道關懷，誠如陳萬益所言：「文學，為龍瑛宗帶來了美和希望的啟示，支撐他走過黑暗和暗啞的時代……」〔註 116〕。龍瑛宗認為只要文學作品是屬於藝術作品的範疇，就必須關注在藝術的本質——「美」，缺少了「美」的作品就像是政治論文、宣傳文章等類型。〔註 117〕龍瑛宗孤獨的文學內心裡，表現出的另一種婚禮的想像，再對照《幸福的農民》影片的婚禮形式的動態細節，更能體會龍瑛宗作品的耽美特色。

　　至於女性在傳統婚姻裡的地位，陳紹馨在〈「民俗臺灣」編輯座談會〉裡

〔註 115〕王惠珍，〈地誌書寫港市想像：龍瑛宗的花蓮文學〉收錄於陳萬益編選《臺灣現當代作家研究資料彙編 07：龍瑛宗》（臺南：國立臺灣文學館，2011 年 3 月），頁 209。

〔註 116〕陳萬益，〈蠹魚與玩具——龍瑛宗全集代序〉，《龍瑛宗全集一》，（台南：國家台灣文學館籌備處，2006 年 11 月）

〔註 117〕龍瑛宗著，林至潔譯，〈南方的作家們〉，《龍瑛宗全集五》，（台南：國家台灣文學館籌備處，2006 年），頁 103。

指出，雖然台灣的民俗與南支那的民俗相似，卻又有不同的部分，其中原因包含了台灣成爲日本的新領土後，日本文化的植入與建設有關。在文章裡中村哲與金關丈夫也提出其實內地日本也受支那的影響，從古代傳統由末子繼承的母系社會，演變成由嫡長子繼承的父系社會，陳紹馨甚至回應台灣這種迎娶儀式是一種掠奪式結婚的遺風。〔註118〕

　　既日本繼受自中國的父系社會觀念，雖然日本與台灣的婚姻習俗是不同民族的慣習，儀式的形式、內容乃至於婚姻的觀念都有很大的差異性，惟以殖民者的視點而言，對於台灣傳統婚姻迎娶儀式，《幸福的農民》影片記錄了異民族的奇風異俗，詳實的記錄有助於統治者掌握民情，作爲日後殖民地治理策略的參考依據，由殖民地官方主導的紀錄影片製作，也篩選了有助於凸顯帝國凝視殖民地他者身分的文本素材，方便於提升以帝國內部（東京）爲核心與其他國外勢力範圍或殖民地的階級差異性，爰取得現代化（日本化）文化的發言權，企圖強力輸出以達到帝國統治的目的。然而以《幸福的農民》影片傳統婚姻迎娶儀式爲例，似乎日本本身的觀點——嫡長子繼承的父系社會的觀念，無形中也影響了影片製作者主觀的鏡頭取捨，尤其在對於女性的影像的刻意忽視，整部影片唯一可窺見女性的角色演出，亦即配合參與核心角色林阿仁的共同演出之女性，僅林阿仁迎娶的新娘一人而已，或許影片指涉該女爲張清榮宅的家族成員，極有可能與在張清榮的宅第門口目送林阿仁前往夜學上課的那位女性，指涉爲同一人。

　　許俊雅認爲「日據時期台灣小說中每多方鼓勵、暗示女子要自我覺醒，要做自己的主人。就移風易俗，追求理性的觀點而言，這些小說是很有貢獻，很有價值的」〔註119〕。而就本島的許多台灣人作家而言，對於女性角色的描寫相較日本人作家的觀察角度是不同的，站在同樣是被殖民的階級地位來寫出女性的，以張文環的〈閹雞〉爲例，陳芳明評論張文環「小說中閹雞的意象，既暗示了女主角月里她丈夫的去勢，同時也象徵大多數台灣人的去勢……張文環透過女性的肉體與情慾來窺探傳統文化的殘酷無情，可以說是同世代作家中極具突破性的筆觸」〔註120〕。

　　本書僅就態樣較特殊的有關日本人女性作家或台日通婚議題的文學作

〔註118〕參閱〈「民俗臺灣」編輯座談會〉，《民俗臺灣》第三卷第四號（通卷第二十二號），（台北：東都書籍台北支店，1943年），頁3～4。
〔註119〕許俊雅著，《日治時期臺灣小說研究》，（台北：文史哲出版，1995年），頁372。
〔註120〕陳芳明著，《台灣新文學史》，（台北：聯經出版，2011年），頁190。

品，包括庄司總一《陳夫人》、日本女性作家坂口襷子〈鄭家〉、保正作家蔡
秋桐〈興兄〉與《幸福的農民》影片一併做探討。

朱惠足在比較庄司總一《陳夫人》與坂口襷子〈鄭家〉時，認為：「〈鄭
家〉並沒有像《陳夫人》一樣採用基於形式／情感二分法的自我民族中心式
價值判斷，而是肯定在地實踐具有內在意涵」〔註121〕。〈鄭家〉小說中的翠
霞〔註122〕不像《陳夫人》當中乘轎的安子〔註123〕，安子可以從隱匿的轎子
內自由地向外觀察出殯行列與路邊居民，而自己的身形不被人觀看；反而〈鄭
家〉小說裡，走在出殯行列中的翠霞是暴露於眾人的眼光下，被賦予義務必
須扮演長媳的「角色」；而一樣在送葬隊伍的場景中，翠霞卻是一邊觀察送
葬行列，不但感覺自己被觀看，然後彷彿是一名優秀的女演員般，盡職的與
其他家族成員共同嚎哭。翠霞的自覺性展演，呈現出其「台灣性」，〔註124〕
另外，朱惠足認為坂口襷子透過台灣喪葬儀式的「空虛的形式主義」，間接
質疑總督府推行皇民化運動流於表面形式化，而鄭家第二代樹虹並無拘泥於
喪葬儀式如何舉行，反映出強行要求台灣人去移植日本文化形式的皇民化策
略，將面臨欠缺真實精神內涵的問題，容易淪為表面形式化的危險。〔註125〕
竹中信子認為坂口襷子是殖民時期女作家中，非常不迎合時局的，認為皇民
化的本質是要讓台灣人成為日本人的奴隸，以生活在殖民地的日本女性而
言，是相當難得的。〔註126〕陳建忠指出透過評論家解析出來諸如坂口襷子
等女性作家的作品「雖沒有太多歧視性話語，但卻接納了男性國體的觀點，
支持皇民化體制……依舊不免是對『他者』的凝視」〔註127〕。

〔註121〕朱惠足，《現代的移植與翻譯：日治時期台灣小說的後殖民思考》，（台北：麥
田出版，2011年），頁238。

〔註122〕翠霞是〈鄭家〉小說裡臺灣人媳婦的角色，鄭家第二代樹虹的妻子，曾受現
代化教育。

〔註123〕安子是《陳夫人》小說中嫁給台南陳家望族的日本媳婦，作者庄司總一透過
安子這位小說人物來觀察台日之間的文化差異。

〔註124〕朱惠足，《現代的移植與翻譯：日治時期台灣小說的後殖民思考》，（台北：麥
田出版，2011年），頁237～238。

〔註125〕朱惠足，《現代的移植與翻譯：日治時期台灣小說的後殖民思考》，（台北：麥
田出版，2011年），，頁240。

〔註126〕竹中信子著，熊凱弟譯，《日治台灣生活史——日本女人在台灣（昭和篇1926
～1945）下》，（台北：時報文化出版，2009年），頁276。

〔註127〕陳建忠，〈差異的文學現代性經驗〉收錄於《臺灣小說史論》（台北：麥田出
版，2007年），頁94。

　　以上雖是描寫喪葬儀式的出殯行列，作者庄司總一卻是相當細緻的描繪日本媳婦安子以女性的身分從轎子裡向外的觀察，同時自覺應扮演好家族成員在儀式中擔任的角色。此外，作家坂口襗子也以出殯行列中的翠霞從儀式的進行中也不自覺的參與展演。無論是日本人身分的安子或是日本女性作家描寫的台灣人翠霞，在出殯的行列中，是從多元又不同民族的視角來窺看殖民地當地的傳統慣習中的參與者，相互間在一種混雜性的客觀條件的地帶裡游移與協商，以求共存共榮，霍米巴巴指出：

> 殖民者和被殖民者雙方都經歷一種認同立場的分裂，這種分裂出現
> 於它們互相的想像認同。霍米巴巴對於殖民者與被殖民者關係的分
> 析強調它們互相依存、互相建立起對方的主體性。〔註128〕

按霍米巴巴指出：「所有的文化陳述和系統都建立於一個他所謂的『發聲的第三空間』」〔註129〕，前述小說敘述的出殯行列間人物的心理歷程之開展，所增關的第三空間，無疑是傾向殖民地既有慣習（台灣性）的協商結果。在《幸福的農民》影片結婚的迎娶儀式，迎娶過程鏡頭前的演員本身的創作機會往往是被動的，必須經過導演與製作團隊的選擇，才有影片成果的表現，相較與小說中的人物完全由作者形塑外在行為與刻畫內新思緒，電影的人物角色的表演顯得複雜與需要製作團隊的分工協力。亦即不同的電影工業從業人員的組合方式去進行同一部電影的製作，會產製出風格不太一致的作品，甚至觀者可能有解讀不一的觀影經驗。

　　而《幸福的農民》影片關於結婚的迎娶儀式，雖如同本書前一目論述當局刻意運用大量小孩擔任迎娶隊伍成員的演出任務，除了較容易控制演員的表現外，是否擔心由農民成年人來演出，會出現霍米巴巴所稱的「矛盾狀態」（ambivalence）等複雜因素，惟以整個影片的迎娶過程，從腳本、導演的現場調度乃至於後製的剪輯等每一個環節，幾乎是殖民官方背景的台灣教育會之製作團隊，應是處處的細節都嚴格把關，整個結婚的迎娶儀式是為紀錄後善庄林阿仁因推展嘉南大圳事業有成的功績，進而能順利迎娶更早順服事業政策的直順庄張清榮宅的家族成員。因此，迎娶儀式的紀錄其最主要目的仍是作為宣傳事業的一種手段，並非真正的為了記錄民俗慣習之目的而去製作拍攝。

〔註128〕生安鋒著，《霍米巴巴》，（台北：生智文化，2005年12月），頁147。
〔註129〕生安鋒著，《霍米巴巴》，（台北：生智文化，2005年12月），頁147。

　　至於《幸福的農民》迎娶儀式影片所呈現出的畫面卻超乎想像的具有珍貴的歷史紀錄價值，就像〈鄭家〉小說中的翠霞與《陳夫人》當中乘轎的安子在送葬的行列中，翠霞的心理狀態是游移在殖民地的傳統儀式與時局提倡皇民化運動之間交涉；安子在國族與他者的家族間的認同裡流動，這兩位女性所增闢的第三空間，最後都傾向殖民地既有慣習（台灣性）的協商結果；林阿仁的迎娶過程中，所有演員在鏡頭前的自然演出，包括運用大量小孩演出的場景，無意識的將最真實的民間迎娶儀式呈現出來，超越了殖民者原先最主要的宣傳事業目的，成就成為重要的歷史紀錄文件，也就是歷史紀錄的意義遠大於殖民者對於他者的凝視。

　　龍瑛宗看了《陳夫人》後曾經評論指出：「內台結婚都盡是在內地結婚的人們，在台灣雖然頒布了共婚法，卻未曾聽過有結過婚的例子。」龍瑛宗更進一步指出：「陳清文給自己的女兒取名為「清子」，讓小孩承襲父母親的姓名，這在台灣人是無法想像的。」〔註130〕龍瑛宗以銀行員與作家雙重身分，所經歷的年代，都難以遇到如庄司總一小說裡描述的這般情形之內台通婚，尤其《陳夫人》小說的清文與安子二人篤信基督教，卻因清文家世與自身官吏身分，不得不以繁文縟節又喜歡鋪張的中國人習慣，來辦理婚禮，甚至清文必須捨西裝而穿上第一次嘗試的長衫台灣傳統禮服，如此特殊的內台異族通婚模式，在一般台灣人的生活經驗裡，是難以想像的。無論賓客的內心是否可以接受這般文化差異（殖民／被殖民）或宗教信仰上（基督教／傳統民間信仰）雙重結合極其特殊的婚禮，但《陳夫人》小說在婚禮的形式，卻成功的把清文當作是真正把內台合一付諸行動的名符其實先驅者，惟清文背後真正最重要的推手仍是來自內地的安子。

　　「由於在台作家們在『越界』書寫的過程中，反而凸顯我族與他族的差異性和歧視問題。殖民者與被殖民者上下不容潛越的緊張關係……最後，作者不得不以『別離』化解二者本質的矛盾，提出虛幌不實的願景，以其保證『大東亞共榮圈』的正當性」〔註131〕。所以《陳夫人》雖未由「別離」來化解前述二者之矛盾，惟仍服膺於保證「大東亞共榮圈」的正當性的目標，以基督信仰之大愛來破除「別離」的選擇，並由清文向安子的文化認同，而不

〔註130〕龍瑛宗著，葉笛譯，〈南方的作家們〉，《龍瑛宗全集·五（中文卷）》（台南：國家台灣文學館籌備處，2006年），頁95。

〔註131〕王惠珍，《戰鼓聲中的殖民地書寫──作家龍瑛宗的文學軌跡》（台北：台大出版中心，2014年），頁259。

是安子向陳家文化認同：

> 即使她的丈夫陳清文，不論學識、地位、家世、財富、容貌……都
> 較她優越、優秀，結果卻出現清文向安子的文化認同，而不是安子
> 向陳家文化認同，……或者說台灣舊家族的教養的確有其陳腐、落
> 伍、卑劣的素質，不若日本民間生活文化貼切生活現實。〔註132〕

誠如真杉靜枝的小說〈南方的語言〉，「日本人媳婦、台灣人丈夫與婆婆屬於
不同的殖民地民族階層，與殖民權力之間是親近關係而非支配關係，小說中
的台日通婚（戀愛通婚）看似自然而然，但其實只是藉由超越種族差異的普
世性『愛情』來『自然化』（naturalize）不平等的殖民地權力關係」〔註133〕。

　　有趣的是，反觀《陳夫人》與《閹雞》裡不同的新郎角色，分別刻畫著
不同層次的心理狀態，《陳夫人》的清文原本平常任職官吏而相當熟悉的西裝
裝扮，卻必須在結婚的場合捨去，生平第一次穿上長衫的台灣傳統禮服；《閹
雞》裡的阿勇雖在役場任職，但是本身的官職等第、身處的村莊與家族的規
模是無法與《陳夫人》的清文相比擬。亦即，清文是向殖民者集團靠攏的，
甚至本身的思維傾向於殖民者集團，而阿勇仍是在殖民者集團對立面向的被
殖民者階級內。所以以上新郎本身對於婚禮進行時應該如何穿著打扮，分別
對應著幾乎相反的想法。

　　當觀看《幸福的農民》的婚禮實況紀錄後，再來閱讀《陳夫人》與《閹
雞》小說，比對新郎的外在服飾之形式。分析出《幸福的農民》因取決於殖
民當局的影片製作主導與嚴格審查機制，多重又單一的干涉下，塑造出林阿
仁的舊體新用之嘗試。再如《陳夫人》的清文與《閹雞》的阿勇透過內地人
作家與本島人作家的視角，詮釋出穿著結婚禮服背後，是新郎藉由外在穿著
的心理慾望，表現出不一樣的心理刻畫態樣，與形成緣由的複雜殖民地社會
階級關係。以上就《幸福的農民》的文本分析，更有助於探索小說裡文字所
敘述的婚禮情形，輔佐小說閱讀的想像。

　　蔡秋桐的小說〈興兄〉：

> 興兄一則以喜一則以懼，如是咱人，他是老經驗了，但是這回卻是
> 娶大和姑娘，他們的風俗又是全然不知，興兄又很守古例，像那個

〔註132〕庄司總一著，黃玉燕譯，《陳夫人》（台北：文經出版，2012年），頁7～8。
〔註133〕朱惠足，〈日本帝國下國族與性別的邊界協商：日治時期的台日通婚書寫〉，
　　　　　《中外文學》，（台北：台大出版中心，2014年6月），第四十三卷第二期，
　　　　　頁71。

> 子婿燈是不可缺的,那末興兄最致意(在意)的子婿燈要怎麼辦呢?
> 沒有掐燈怎得稱是娶親,沒有掐那子婿燈,怎得知道我們的威風
> 呢!〔註 134〕

興兄非常重視傳統迎娶時男方準備的一對寫有男方堂號姓氏的子婿燈(字姓燈),主觀的認為沒有掐起子婿燈哪裡算是結婚,不但於迎親的沿途上能讓路人瞭解是哪戶人家娶親。另外,對於這種「燈」與「丁」的諧音而引申為期望新人能在神明與祖先的庇佑下,早日「出丁」,產下健康的男丁,來傳承男方的香火命脈。〔註 135〕《幸福的農民》影片的迎親隊伍中,兩位小孩所舉示的子婿燈,後面的人力車應是所謂的「叔爺轎」(影片顯示由人力車取代),上面乘坐林阿仁的弟弟或是同輩親戚中的弟弟。蔡秋桐的〈興兄〉裡,興兄認為日本媳婦對於台灣的子婿燈習俗應是全然不知,而《幸福的農民》影片忠實地呈現了迎親的子婿燈的習俗,還包括子婿燈與叔爺轎必須吊掛在一起的習俗,只是在影片中以人力車取代。

至於大和媳婦與興兄的互動頗為微妙:

> 不一刻他底大和媳婦暗飯已安排好勢(妥當)了,風兒也就席了,
> 請興兄就位了,看他大和媳婦坐而不退,興兄假意卜煙不敢坐位,
> 任他風兒催請,興兄哪知是她們的風俗如此,終於勉強就位了。
> 〔註 136〕

〈興兄〉小說還以日本媳婦看到醉倒而打盹的興兄,卻緊緊牽他去睏了,作者蔡秋桐形容是有禮無體的大和姑娘;但是席間喝酒時看到大和媳婦跪在興兄前斟酒,平日以碗為酒杯一飲而乾的習慣,卻改以小酒杯一口罷了,心滿意足的喝到大醉;而先前興兄入門前被認不出的大和媳婦大罵「清國奴——馬鹿——」,再對照入門後的興兄,被大和媳婦「**她底幼麵麵(細嫩)的手扶興兄底粗鄙鄙的腳洗了**」,興兄變得非常自滿任她去洗。日本媳婦成為台灣人家族的一份子,興兄是長輩,理應表現有長輩的風範,但是蔡秋桐卻反諷興

〔註 134〕 蔡秋桐,〈興兄〉,收錄於張恆豪編選《楊雲萍、張我軍、蔡秋桐合集》(台北:前衛出版社,1996 年),頁 212。原載於《台灣文藝》,第二卷第四號,1935年 4 月出版。

〔註 135〕 李秀娥、謝宗榮,〈生命禮俗工藝——結婚與做壽禮俗工藝〉,參考「耕研居宗教民俗研究室」網站,網址:http://blog.yam.com/hsiehlee/article/71102776 (2015 年 5 月 1 日最後瀏覽)

〔註 136〕 蔡秋桐,〈興兄〉,收錄於張恆豪編選《楊雲萍、張我軍、蔡秋桐合集》(台北:前衛出版社,1996 年),頁 216。

兒面對日本媳婦時遇到生活文化不同的扞格時，卻不知所措的遷就日本媳婦，潛意識裡對於日本文化是憧憬的，包括自己的兒子風兒也在日本殖民體系裡任職，家族成員又能有日本身分的媳婦加入，因此對於日本文化帶有屈斜的意識與家族成員具有日本血統而產生尊榮感。

　　相反的，在《幸福的農民》影片中，林阿仁的角色指向一種類似殖民者代言人的地位，具有殖民者賦予的某種特殊性的角色功能而存在，換句話說，林阿仁這個角色與〈興兄〉小說的日本媳婦在文本的閱讀上，是有類似建構帝國主體論述的特質，林阿仁與日本媳婦都各自被塑造成以日本帝國的優越性來凝視帝國內部的殖民地他者；雖然蔡秋桐原本並非有這般的寫作意圖，而是透過日本媳婦與興兄的互動過程，凸顯被殖民者必須接受強勢殖民文化的無奈。

　　另一種有趣的思索是：《幸福的農民》影片中以林父為首的後善庄農民，從原本被影片形容成落後的、低劣的看天田農耕方式，經由宛如殖民者代言人的林阿仁教化後，成為殖民者形塑與教化的典範—直順庄農民般的順從，也就是達到日本人想像的理想農村，亦即協力嘉南大圳事業的實施必定達到農獲豐收的宣傳想像，也就是成為幸福農民的保證。因此以林父為首的後善庄農民，包括影片揭露的未經林阿仁教化前，林父在看天田前對於欠收的無奈、庄民不事生產的怠惰沉淪、祈雨的迷信等，這些被鄙視的帝國內部的殖民地他者，就像〈興兄〉小說的興兄一樣，無其他出路的只能配合並信服殖民者強勢的帝國主體論述之建構。而《幸福的農民》影片與〈興兄〉小說的不同處在於：林父順服後，林阿仁迎娶了直順庄張清榮家族的女性，等於是透過殖民者代言人的林阿仁締結殖民者想像的模範農村——直順庄的姻緣之兩家通婚，試圖建立雙重的日本認同來鞏固林父及其代表的後善庄農民收編在更為牢固的認同體系裡，影片結束前的最後一幕，林父、林阿仁與來自直順庄的媳婦同時出現在結尾的鏡頭前，如此刻意安排的畫面，欲強加於觀者的認同意圖，毫不掩飾的呈現在影片的細節佈局裡；此外，蔡秋桐的作家之眼洞察到興兄雖然屈斜，惟依舊保有殖民地草根的在地文化氣息。

（二）新娘花轎

　　龍瑛宗〈黃家〉開頭對於枇杷庄景色的描寫相當細膩，其中對於村裡最重要的交通工具「轎子」，特別是紅色的轎子有這樣的敘述：

　　　　不過，說紅轎子是村裡的重要交通工具，也是指富裕的人而言。一

般民眾要坐紅色轎子，得是遇到婚喪喜慶等不得不坐的時候。常
會看到二十貫以上重量的大身軀，緊巴巴地坐在狹窄的紅轎子裡，
而向蝗蟲般精瘦的褐色半裸男人，扛著彎曲彈性的轎棍子……。
〔註137〕

《幸福的農民》忠實的記錄農村裡迎娶的轎子形制，轎身周圍掛滿喜幛，幛上繡著各式喜氣吉利的圖案。影片中的新娘花轎與其他一般鄉村的花轎相比較，〔註138〕尤其《幸福的農民》影片的花轎轎頂的形式，更接近日本風格，花轎的形式，應該是經過事前的挑選或改良，以符合殖民者認可的理想花轎之形制。〈黃家〉小說開頭鉅細靡遺的介紹枇杷庄黃家的鄰居經營各種商家型態之情形，尤其描寫轎子店令讀者印象深刻，包括介紹當時在村莊內，轎子是富人的重要交通工具外，普通人難有機會乘坐，除非是遇到自家的婚喪喜慶才有機會親身體驗，另外對於使用轎子的轎伕工作情形也深入描繪，也就是說，黃家所住街道的鄰居商店的介紹，轎子店的敘述最為突出。

按龍瑛宗〈黃家〉的描述，對於村裡最重要的交通工具──轎子，形容扛轎子挑夫工作的情形，辛苦奮力地將轎棍子扛出彎曲狀態，而對照《幸福的農民》影片的扛轎動作情形，更能理解文字敘述轉換為實際影像化的實境是如何的生動，在閱讀〈黃家〉這部描寫兩兄弟若麗和若章各自追求成為藝術家的過程中，追求理想與務實間的辯證，龍瑛宗自己也將〈黃家〉視為〈植有木瓜樹的小鎮〉的姊妹作，〔註139〕同樣是在尋找小知識份子的苦悶與出路，而閱讀龍瑛宗這種發揮小說結構與敘述趨向耽美風格的作品，可發現作者的小說連細節處也呈現忠於一生追求小說的藝術性表現，細節的細緻鋪陳與小說脈絡的發展複雜是其特色。比對了《幸福的農民》的影片更豐富了讀者閱讀〈黃家〉小說的想像，而龍瑛宗心目中理想的迎娶花轎會不會是《幸福的農民》的林阿仁迎娶的那頂花轎的形制呢？按龍瑛宗日治時期小說的風格來

〔註137〕龍瑛宗著、陳千武譯，〈黃家〉，《龍瑛宗全集・一（中文卷）》，（台南：國家台灣文學館籌備處，2006年），頁174。

〔註138〕台灣由於大多數的溪流呈東西走向，阻礙了南北往來的陸上交通，早期各城鎮鄉村之間的往來，主要依賴來往於海上與河道的船隻。除了水運交通之外，當時最常見的交通方式為步行或是以牛車來載運貨物，比較富有的家庭則以轎子代步，因此轎子也成為迎娶新娘的交通工具。可參考數位典藏單位：文化部之圖檔，拍攝時間：1933年，地點：台中州竹山郡。

〔註139〕龍瑛宗在《夜流》小說的自序裡提及〈黃家〉是〈植有木瓜樹的小鎮〉的姊妹作。

探究，也許更接近於日本式花轎的形制。

蔡秋桐的〈興兄〉小說，日本新娘乘坐自動車（代替花轎）到了男方家，卻不依傳統習俗：

> 興兄自新娘到位，他就命令一個有斟酌（留神）的人顧在戶丁（門
> 檻）邊了，那末新娘卻不對大廳來，而和風兒對房間直入。〔註140〕

興兄雖然對於台灣傳統的婚禮習俗非常在意，一直滿懷期待能遵循禮制，出生且成長於殖民地的風兒透過興兄的抵押田產擔保上京（內地東京）求學，努力奮發終娶得日本媳婦，返台之後也順利進入官廳任職，興兄興奮的：

> 風兒這麼艷福，誰也欣羨！就是興兄能夠得著一位大和姑娘來做媳
> 婦，也是前世有燒好香點好灼（燭）！〔註141〕

風兒的成就令人想起龍瑛宗的小說〈植有木瓜樹的小鎮〉陳有三，陳有三恨不得自己能成爲日本人的養子，甚至趕快娶日本姑娘，徹底的改造讓自己的血緣能夠擬制成爲具有日本的血統，亦即，從身分到認同徹底成爲日本人眼中的同一民族，來當做自己未來人生孤注一擲努力的唯一目標：

> 如果能和有著無以倫比的柔順和教養深厚、又美麗如花的內地人姑
> 娘結婚，把自己的壽命縮短十年或二十年，也不會埋怨的呀。〔註142〕

姑且不論陳有三最後被自己虛無的失敗主義所擊垮，小說中陳有三汲汲追求的夢想，是被另一部小說裡興兄的兒子風兒來實現。「龍瑛宗筆下的知識份子對現實社會充滿失望，對明日絕望，更失去了民族意識，這種扭曲的心態與脆弱得不堪一擊的空虛心靈，正構成了戰爭期間黑暗的法西斯世界來臨的前夕之縮圖」〔註143〕。而在嘉南大圳竣工後數年且離中日戰爭尚有一段時間的 1935 年出版的〈興兄〉仍表達了一般台灣人對於台日異族通婚的憧憬，興兄形式上抗拒外來文化固守在地的民族傳統，仍無法避免婚禮時自己的兒子與日本媳婦完全無視長輩的叮嚀否定了家族裡的大家長的權威，惟興兄也予以姑息，不敢逾越更上一層位階的日本文化，最終仍臣服之：「**興兄得著這個消息有些不快了，那末他也如常接客！**」〔註144〕保正作家蔡秋

〔註140〕蔡秋桐，〈興兄〉，頁 213。
〔註141〕蔡秋桐，〈興兄〉，頁 212。
〔註142〕龍瑛宗著、陳千武譯，〈植有木瓜樹的小鎮〉，《龍瑛宗全集·一（中文卷）》，（台南：國家台灣文學館籌備處，2006 年），頁 12。
〔註143〕羅成純著，〈龍瑛宗研究──戰時的台灣文學〉，收錄在龍瑛宗，《龍瑛宗集》，（台北：前衛出版，1991 年），頁 254。
〔註144〕蔡秋桐，〈興兄〉，頁 213。

桐二十二歲起即任保正，前後有二十五年，由於長期擔任地方喉舌為民服務，很務實的洞悉興兄這個角色符合真正民間的實際情形，因此類似朱點人筆下〈秋信〉的斗文先生那種絕對遵守道統抗拒外來文化的性格，是不容易存在於真實世界的，也非蔡秋桐作品中所欲表現的小說人物性格。

　　嘉南大圳竣工前，1927 年放映的《幸福的農民》影片，整個迎娶隊伍的影像的隊伍編制與人員配置，是以記錄殖民地農村習俗的方式來拍攝，仔細考察這一段落的影像細節，是相當程度以客觀的價值中立之立場來運鏡拍攝，包括人、物、場景等編排，由現今時空來觀看，珍貴的記錄了當時農村的迎娶情形，至少都具備了殖民地農村「本土性」的慣習。但是在整個迎娶隊伍的影片段落中，最重要的器物也是最突兀的畫面──新娘花轎，在所有畫面都記錄著「本土性」迎娶儀式當中，新娘花轎的轎頂的形式，明顯有「日本性」的風格，甚至包覆轎身的裝飾與影片中迎娶隊伍的其他器物相比較，確有外來形制（日本風格？西洋風格？改良式？）的視覺上的違和感，無論當初影片製作者的目的為何，但是突兀的畫面會令觀者思索，畢竟在全然紀錄帝國內部的殖民地他者影像，仍然會有蛛絲馬跡顯現帝國的主體性在注視著，宣告拍攝的客體（他者）是在帝國內部的邊界裡，臣屬於帝國的，影片中那頂新娘花轎似乎會讓觀者產生如此的想像。

　　從《幸福的農民》影片的新娘花轎意識到無論殖民者有意或無意的安排，卻可以窺見強大的帝國主體性無時無刻在釋放「征服」與「佔有」的信息，散播殖民地僅有「臣服」義務的記號。在〈興兄〉當中，風兒如願的能娶日本人，心甘情願的與日本姑娘走出迎娶的自動車後，逕入房間不進大廳，而違背了興兄苦心安排的期望，家族間實際行為上的扞格，都不影響實質上的日本文化的認同，都回歸到脫離台灣人身分成為日本人才能出頭天的迷思，誠如法農的《黑皮膚白面具》論述的「黑人男性征服白人女性」與「黑人女性臣服白人男性」的心理性，在殖民與被殖民的階級藩籬上，無論是不同階級間的征服或臣服之作為，終究將消彌於殖民霸權的宰制。至於到了中日戰爭前夕，〈植有木瓜樹的小鎮〉中對於成為日本人這樣的想像，在知識份子的虛無與沉淪中敗北，龍瑛宗提前預告了皇民化運動到最後將是一場虛幻無實的成果，並繼續致力創作自己獨特的內台融合風格的文學作品。從《幸福的農民》影片到〈興兄〉、〈植有木瓜樹的小鎮〉從發現新娘花轎在文本的位置，再反覆閱讀從中看到了在歷史時間順遞下，不同的認同意識之風貌。

（三）結婚宴客

蔡秋桐的小說〈興兄〉描寫新郎風兒與日本新娘，風光的傳著日本傳統和服出席結婚典禮：

> 式（結婚典禮）要開了，來賀的人客（客人）也已到齊了，新郎新婦入席了，場內鼓掌如雷歡迎了，新郎新婦穿著紋附的和服（滾花邊的日本服飾），並立リルリル（招呼）向著眾人道謝了。〔註145〕

《幸福的農民》迎娶隊伍的影片段落，最後是宴請賓客的場景，從影片的宴客情形研判，參加者似乎過於拘謹，並非如同台灣傳統結婚喜宴一般人認知的印象，應是賓客間充滿熱鬧寒暄的氣氛，而影片違反了這樣的認知，即使參與演出的賓客其在鏡頭前的表現似乎具有一種集團意識，演員正襟危坐的嚴肅外在舉止，也是受制於製作團隊或導演的要求，彷彿被塑造成是一場日本式的禮儀。而〈興兄〉穿著和服的對這新人，在興兄要求的台灣傳統婚禮當中，雖顯得不協調但所主張的日本認同已企圖否定了殖民地的傳統習俗。這與《幸福的農民》的結婚宴客影片段落相比較，是既不同又相似的殖民意識形態之敘述修辭，也呈現了作為被殖民的他者之無奈。

每位賓客幾乎是沉默的表情在等待著林父帶領下的新人入場，甚至林父在開場的演說表情，鏡頭前相當有自信的滔滔不絕介紹新人，令人印象深刻，而林父從影片一開始像是後善庄的代言人，因迴避嘉南大圳事業造成農作欠收，自始消極墮落，在影像裡被形容是不事生產的失敗者，一直蛻變到令人眼睛一亮的農村模範生，在婚宴的場合裡，林父彷彿搖身變成一位佈道家，傳達自己成功的經驗給所有賓客，是故，影片特別強化了林父於此處的演出視覺效果。

婚宴的儀式的影片呈現，也適時地提供機會給穿著官服的日本人出現在鏡頭前，並在林父的介紹下起身致詞，而在先前的迎娶隊伍中並未看見穿著官服的日本人出現在影像裡，因此日本人僅出現在婚宴的場合，可推論儘管在尊重殖民地的結婚慣習下，結婚的過程中容許依民間的習俗進行且不予干涉，惟在眾人祝福下的公開婚宴場合，日本人官員的出席，透露出最終仍必須經由殖民者來認可的暗諭，反面來說，是否指涉著當殖民者認可特許的條件不存在，當事人婚約效力是否未定？是仍存有疑義的。此外，結婚係攸關家族親屬間的法律關係變動之權利義務負擔，更何況是由殖民者塑造的農村

───────────

〔註145〕蔡秋桐，〈興兄〉，頁213。

楷模林阿仁的婚禮,影片如此的編排是不難理解的。

以板橋林本源家族的成員之一林熊光(1897～1971)為例子,他於1918年5月在日本舉行婚禮娶日本人妻子,在婚禮結束後再隔了三個月後回到台灣舉辦婚宴,故「縱使婚宴舉行的場所出現變化,但舉辦婚宴本身的功能及意義卻還保留著,即親友的參與見證與祝福下,結婚才算真正完成」〔註146〕。倘若親友太多,無法一次完成婚宴招待者,可再分成親戚、朋友、婦女進行個別招待,亦即,參加婚禮的人都有機會接受「請人客」(宴客)的招待。〔註147〕婚宴的舉行無論是從台灣民間形成的既定觀念,或是前述穿著官服的日本人出現在影片裡所探討的意義,都顯得相當重要,尤其《幸福的農民》影片藉由婚宴的場合再一次透過集會的影像紀錄,向集會的民眾強調參與嘉南大圳事業成功的最佳楷模——林阿仁的優良事蹟,也是重複的再度加強觀者的視覺經驗,俾達到嘉南大圳事業的政令宣導功能。

宴席之客人忌諱單數,通常是以八人、十人、十二人、十四人為一桌的方式安排,如果臨時增加客人則就再增開一桌或數桌。〔註148〕片岡巖對於台灣一般的宴席之禮,提出這樣的觀察:

> 周圍的客人都接受主人的敬酒同時舉杯,然後又同時下箸吃中央大碗的菜時,必須注意不使筷子或湯匙跟他人互相撞擊,尤其不可以操之過急而妨礙到別人挾菜而舀湯。〔註149〕

以上片岡巖的觀察,如此拘謹的宴席之禮,似乎與台灣一般民間宴客喜歡熱鬧的賓主互動有所不同,例如:同時舉杯敬酒與同時下箸夾食這樣的文字閱讀,似乎相當吻合觀看《幸福的農民》影片的結婚宴客段落之宴席影像之想像,注入了日本人本身的宴席習慣與餐桌禮儀之經驗,企圖指導並改變台灣人落後又不衛生的公共場合的餐桌禮儀習慣。

另外《陳夫人》小說中,清文與弟弟景文的對話:

> 「派人去了?不催促不來嗎?既然這麼不願意,不如不要來。」

> 「阿兄怎麼這樣生氣呢?招待的時間沒有人會準時來。客人來了,

〔註146〕張維正,《接觸、殖民與文化受容:日治時期臺灣漢人婚禮的變遷》,(台北:台灣師範大學台灣史研究所碩士論文,2012年),頁57。

〔註147〕鈴木清一郎著,高賢治、馮作民編譯,《臺灣舊慣習俗信仰》,(台北:眾文圖書,1981年),頁202。

〔註148〕片岡巖著,陳金田譯,《臺灣風俗誌》,(台北:眾文圖書,1987年),頁205。

〔註149〕片岡巖著,陳金田譯,《臺灣風俗誌》,(台北:眾文圖書,1987年),頁206。

我們也還沒有準備好。等我們派人去請了客人才來，這便是禮儀。」

……清文嘟喃，這才想起台灣式的習慣本來便是這樣的。……不久客人來了，著席的順序更頗為麻煩。如同日本的風俗，賓客對於席位的高低，彼此謙讓，很不容易就坐。〔註150〕

台灣傳統婚宴無論是賓客不守時而姍姍來遲的習慣，或是複雜的賓客席次位置的安排，庄司總一深入描述這種台日文化的差異。而在《幸福的農民》影片的宴客情形在刻意的編排下，所有餐桌前的賓客在畫面裡，幾乎像被安排並要求全體必須符合集體一致性的動作，摒除傳統台灣宴客的熱鬧互動氣氛，屬於殖民地傳統式婚宴的形式被殖民者認知是落後的、不文明的象徵，尚且舉辦婚宴本身的功能與意義，是結婚過程的環節中重要的儀式，在《幸福的農民》影片的整個結婚影像段落裡，唯一穿著官服的人物出現在畫面裡的鏡頭，僅有在婚宴的場合出現，且被林家邀請向賓客們發言。因此，可以推論婚宴在影片有關結婚的影像紀錄裡，尤其在殖民者的認知觀念中佔有相當重要的地位。

可以從影片中婚宴的場景看出所有的賓客都被規範像是必須符合集體一致性的動作般的機械性與絕對性的服從；另外，從影片全體賓客自座位上站起來敬酒，工整又準確的動作，以上這些畫面被要求悖離傳統的台灣喜宴形式，反而更接近日本式的宴客形式，而與影片裡其他的結婚畫面忠實地記錄著傳統台灣的慣習或儀式，是完全不同的。《陳夫人》小說以日本人的視點相當忠實的反應了台灣式的婚宴禮儀之習慣，《幸福的農民》影片刻意在婚宴禮儀之習慣加入日本元素，當《幸福的農民》影片在當時公開放映，觀者對於影片婚宴的橋段，很容易理解是悖離現實生活經驗的，而與親切地農村迎娶畫面做比較，也容易意識到殖民地無形中來自外來殖民的政權對本土民間文化的改造企圖。

龍瑛宗的小說〈呂君的結婚〉描寫為因應決戰時局，婚禮的排場從過去講求注重排場，簡化成只有茶話會的程度，小說中不但新郎新娘穿著國防色的警防團制服參加結婚儀式，甚至防空警報響起時，必須放下進行中的婚禮，編組成警防團的一員。到了決戰時期從〈呂君的結婚〉可以看出殖民地民間被戰爭過度動員的情形，連人生最重要的結婚典禮也被戰時的氣氛給簡約成可有可無的形式。

〔註150〕庄司總一著，黃玉燕譯，《陳夫人》，（台北：文經出版社，2012年），頁24。

　　荊子馨認爲日本殖民統治「將同化視爲一種意識形態構造而非單純的經驗政策，其重要性在於，這暴露了殖民者希望被殖民者成爲日本人，是一種典型的意識形態，目的是爲了掩蓋政治經濟歧視與文化同化之間的鴻溝」〔註151〕。從《幸福的農民》影片的結婚宴客場景到日治時期小說中描寫的結婚宴客場景，觀察出隨著殖民地治理的時空不同或治理的方針改變，這種意識形態的同化論述，希望被殖民者成爲日本人的流動過程，在影片或小說的文本中可以找出殖民與被殖民雙方間的互動與回應的跡象，往往在最貼近生活經驗的社會活動裡，譬如：結婚宴客的敘述中獲得理解。

第四節　小　結

　　《幸福的農民》宣揚的嘉南大圳事業，所呈現的日本性的現代性，特別是將當時東亞第一的浩大灌溉工程，實施於殖民地台灣，這是日本殖民資本主義發展進程的全新經驗與大膽的嘗試，意謂日本性的現代性將以嘉南大圳事業的建設作爲指標，也是日本展示成爲東亞各國家領導者的一種成果，《幸福的農民》影片的寶貴影像資料，亦可佐證日本殖民者的意圖。

　　歷史書寫的方式，不能主觀的僅依賴殖民統治遺留下來的史料。在文字拭淨或重新書寫、竄改的地方，爾或攝影鏡頭刻意避開的地方，可能才是台灣人歷史書寫眞正應該介入之處。〔註152〕至於影片刻意塑造的殖民地風景，究竟與實際的風景有多大的落差，或許可以從爬梳其他的文字書寫或影像紀錄的過程來進一步追求眞實，雖無法準確的指出絕對的眞實性論述，但可以經過對照判斷何者接近眞實性。

　　陳培豐指出認爲台灣作爲一個殖民地乃具有其特異性，雖然與殖民母國同樣位於東亞的地理位置，也屬於黃種人，惟較爲複雜的情形是─台日雙方某些文化上類似的部分都源自於中國，而它卻是與台灣擁有更密切文化近緣關係的國家。〔註153〕台灣與中國這種密切的傳統文化臍帶連結，卻在既具有

〔註151〕荊子馨著，鄭力軒譯，《成爲日本人：殖民地台灣與認同政治》，（台北：麥田出版，2006年），頁149。

〔註152〕陳芳明，《殖民地摩登：現代性與台灣史觀》，（台北：麥田出版，2011年），頁284。

〔註153〕陳培豐著，〈差異、類似和混雜：重新思考台灣的漢文和近代文學〉，《中外文學》，（台北：台大出版中心，2015年3月），第四十四卷第一期，頁145。

現代化特質又同樣在文化上繼受自中國的日本帝國所殖民統治。荊子馨認爲「這些由去中心的主體位置的流動所構成的認同，高度仰賴著論述、反覆、記憶和感情投入，以便在一個變動不居的世界中維持一種凝聚感」〔註154〕。《幸福的農民》影片的宣傳，不啻也是一種認同的凝聚感的外在形成。

〔註154〕荊子馨著，鄭力軒譯，《成爲日本人：殖民地台灣與認同政治》，（台北：麥田出版，2006年），頁277。

第四章 　《幸福的農民》的戲劇與
民俗儀式影像紀錄

　　日治時期台灣的民間戲劇活動反映著庶民平日的休憩生活型態與文化喜好的屬性，尤其廟會醮典的戲劇演出是台灣社會的長期傳統。所謂戲劇是「農村唯一的娛樂」，戲劇的演出不但是民間傳統信仰的祭典儀式的之一部分，也是庶民主要的娛樂，甚至觀眾可以容許演出環境與舞台設施的簡陋，卻對於戲曲內容與唱作身段投入相當關注，熟習戲劇、休閒票戲與支持戲劇的演出，成為庶民大眾生活的一部分。〔註1〕《幸福的農民》影片記錄了1927年前後的農村戲劇演出活動情形，十分珍貴。此外，影片本身以能夠貼近農民生活經驗的劇情發展，運用劇本結構、角色表現（林阿仁、林父等）及影片呈現的豐富傳統戲劇演出影像，強化推廣嘉南大圳事業的效果。本章亦選擇文學作品龍瑛宗〈趙夫人的戲畫〉、張文環〈閹雞〉與鄧南光的攝影作品，試圖探討《幸福的農民》影片在戲劇演出段落的觀影經驗裡，其他不同文本所提供的另一種層次的觀影想像。

　　《幸福的農民》影片裡難得出現祈雨儀式與民間信仰的祭祀情形，就祈雨儀式的影像部分，從影片拍攝的內容來考察，詳實的記錄了民間的祈雨儀式的禮俗情形，反映了殖民當局所抱持既不鼓勵也不禁止的溫存態度。此外，本章的內文亦探討影片中有關祈雨儀式的角色演出與拍攝者之間的對應態度，進一步探索影片以祈雨儀式作為反宣傳的各種面向。民間信仰的影像

〔註1〕 邱坤良，《舊劇與新劇：日治時期台灣戲劇之研究（1895～1945）》（台北：自立晚報，1992年），頁59～61。

部分，本章選擇〈南進台灣〉影片裡有關宗教活動的畫面及其呈現的意識形態與背後的意涵，並將之與《幸福的農民》影片進行分析比較。

第一節　戲　劇

一、《幸福的農民》的戲劇理論呈現

　　原本紀錄片在默片時期可以單純地專注於拍攝的對象，至於在有聲電影的發展階段裡，對於眞實場地的拍攝，因技術上無法克服能順利的在眞實場地裡同步紀錄影像與聲音的能力，故只能在攝影棚拍攝，再求諸於事後的配音。此乃鑑於當時錄音器材的笨重且要求提供穩定的電壓，以及攝影機拍攝的噪音等問題所致。〔註2〕因此在同步錄音技術成熟的 1960 年代之前，以有聲紀錄片製作方式，反而爲求影像與聲音二者間能協調配合，必須有所妥協或修正，而早期的電影技術尚未成熟，影像與聲音的互相遷就配合，迭有聲音與影像銜接不密切或是落差不搭配的情形。例如《南進台灣》的旁白解說，其聲音完全按照准演執照的腳本而說出，而無論《南進台灣》的製作是採用影片鏡頭的剪輯配合旁白解說的聲音；或是以旁白解說的聲音去錄製搭配已剪輯好的影片鏡頭，則會產生不同的敘事節奏，甚至觀影的效果。

　　以默片形式拍攝的《幸福的農民》，少了聲音的因素，不必遷就錄音的技術，影片製作者／拍攝者可以專注於鏡頭的攝影，亦有擁有較大的自由度去剪接（editing）鏡頭；而除卻聲音的因素，觀影者能專心的觀賞鏡頭拍攝下的影片。影片放映時，製作者／拍攝者與觀影者互動的媒介，僅有唯一的線索──影片的影像本身。

　　就電影放映的接收過程來說，觀眾是群聚性的接收，相對於文學作品的讀者是個別的接收，因此：

> 詩人或小說家通常是獨立創作，而電影的創作者則是常和攝影師、藝術指導、演員、技術人員等人共同協力合作；雖然小說中有各種角色，但電影中的各種角色還能表演，是非常不同的。〔註3〕

〔註 2〕李道明，《紀錄片：歷史、美學、製作、倫理》（臺北：三民書局，2013 年），頁 54。

〔註 3〕Robert Stam 著，陳儒修、郭幼龍譯，《電影理論解讀》，（台北：遠流出版，2002 年），頁 25。

因此紀錄片觀眾會期待，相信在銀幕上看見的影像與發生在拍攝時當下現場的事實之間究竟有何聯繫性？這種聯繫性經過詩意或修辭性的轉化後，變成觀眾現實生活的一種評論時，所產生的評估會期待自己是否能在「辨識歷史真實世界」與「辨識對此歷史真實世界所做的再現」兩者間不斷的來回，這種參與紀錄片的期待會和參與其他類型影片的方式有不一樣的經驗。〔註4〕《幸福的農民》在當時的公開放映，在殖民地的觀眾對於「辨識歷史真實世界」與「辨識對此歷史真實世界所做的再現」兩者間的來回想像，究竟認知上有無過多的落差呢？還是影片呈現的是接近於真實世界的再現？

本書第三章論述有關影像作品與文學作品書寫之比較，提出蔡秋桐的〈新興的悲哀〉小說中蔗農遭遇到製糖會社的剝削壓榨與繳納嘉南大圳供水的水租維持費等多重的壓力，蔡秋桐運用小說文字反映了真實世界裡蔗農受到壓迫的情形，一直也出現在其他台灣人作家的反抗文學當中。尚且現實裡在嘉南大圳營運的初期，農民需負擔大圳完成興建與維持所需的各項賦課金與組合費，土地產值提升後也間接增加土地稅、所得稅等負擔；而官方強行推動的三年輪作制，除了改變了農民傳統的耕作習慣，又因受制於水源供應等不利因素，僅能在有限的土地上耕作特定作物類型，再者，有能力橫跨在三個輪作區域土地耕作的農民也不多。〔註5〕此外，日治時期亦出現多起農民運動，本書在此不作贅述。因之，以農民為主的嘉南大圳事業受惠者而言，《幸福的農民》影片的再現農村受惠於嘉南大圳事業所呈現出來的歷史真實世界，對於具有農民身分的觀眾，由其自身來評價與其相較的真實的生活經驗事實，仍應有不小的落差，這也是殖民統治必然的階級不平等之因素所致。

> 在古典的劇本結構中，主要角色與次要角色有一個特別的平衡關係，主要角色位於戲劇的中心，次要角色環繞在他周圍……一旦次要角色變得比主要角色還重要、或一樣重要時，打破了前述的平衡關係，造成了「戲劇的民主化」，亦即主要角色和次要角色一樣，不享有任何特權……因此，英雄式的動作就變成凡人式的動作；主要角色的戲劇性的掙扎，也變得和其他角色的掙扎沒有兩樣。〔註6〕

〔註4〕 李道明，《紀錄片：歷史、美學、製作、倫理》（臺北：三民書局，2013年），頁131。

〔註5〕 傅欣奕，《日治時期電影與社會教育》，（台北：台灣師範大學台灣史研究所碩士論文，2013年），頁97。

〔註6〕 Ken Dancyger, Jeff Rush 著，易智言等譯《電影編劇新論》（臺北：遠流出版，

《幸福的農民》影片的核心主角是林阿仁，透過林阿仁這一個主要角色的表演，來連結並鋪陳整部影片所欲表達的宣傳意圖。然而，就角色表演最重要的臉部表情的表演，主要角色林阿仁在整個《幸福的農民》影片的演出裡，就臉部表情的表演令觀者印象深刻的僅有二處，分別是林阿仁捧著豐碩甘蔗的笑容，以及夜學中林阿仁起身朗誦黑板的日語假名文字，以上林阿仁在這兩處的表演，臉部的表情是直接面對鏡頭且有較細緻的表現，而其它林阿仁出現的場合卻鮮有出現正面面對鏡頭，或是雖臉部面對鏡頭惟並不強調其臉部表情的表演展示，亦即面無表情。

反而是擔任次要角色的林父，無論是無奈的望著後善庄乾旱的看天田，甚至對於因乾旱無法收成的困惑向實行小組合的幹部對話，[註7] 或是來自張清榮家派出的使者前往林宅，林父與他交談的演出表情，甚至吸食鴉片的情形。另外，林父在婚宴開場時的演說表情，鏡頭前相當有自信滔滔不絕地介紹新人，在畫面裡十分搶眼。《幸福的農民》影片在「戲劇的民主化」這樣的模式上，次要角色林父確實於演出的表現幾乎凌駕於主要角色林阿仁之上，雖然整部影片無論是出場時間或是劇本的設定都以林阿仁這個角色為主，反而林阿仁被塑造成文靜／沉默／低調／認真／模範的角色特質，林父則是好動／多言／高調／怠惰／平庸的角色狀態。

如此的對比，似乎林阿仁是日本殖民者心中所建構的理想台灣人的典範，亦即被殖民者應被形塑的態樣，尤其是從事農業生產的農民其職業特性必須符合林阿仁的性格者，再加上當時東亞最先進的嘉南大圳灌溉水源，方能有效率的增進農業生產，達到殖民者預期在殖民地在地的生產資本之累積。相反的，林父是日本殖民者心中台灣人的原型，是殖民教化實施前殖民者對於殖民地的認知與想像，惟有透過現代化的新式教育與進步的建設設施，提升被殖民者的物質與精神等各項的水平，亦即達到林阿仁這個角色的性格，才能滿足殖民者的期望，並促成殖民地資本發達的殖民政策之原始初衷。然而，愈是刻意強調後善庄農民的墮落與荒誕，才能凸顯直順庄農民的

2014 年 10 月），頁 245～246。

[註 7] 這位實行小組合的幹部推測應是實行小組合的監視員或巡視。按嘉南大圳灌溉區域被細分為 110 區，再以給水區為單位設置實行小組合，且各區皆設置有監督所，配置監視員（水路管理員）與巡視（灌溉管理員），負責管理、指導區域內灌溉、排水設施的運作，並督導實行小組合進行日常的灌溉與水道的保養工作。參見傅欣奕，《日治時期電影與社會教育》，（台北：台灣師範大學台灣史研究所碩士論文，2013 年），頁 87。

「幸福的農民」正面形象，更能襯托出賦予林阿仁這個角色從原本被注定悲慘命運的後善庄一員，自主的突破困難帶領後善庄全員加入小水路設施的大圳事業，邁向「幸福的農民」的模範境界。因之，林父的角色其表演張力不得不超過主要角色林阿仁，可以窺見一斑。

為保持電影敘事的距離，編劇會在個人和紀錄性的兩個端點之間去創造一些張力。也就是真實會出現兩種不同意義的解釋，包括紀錄片本身代表的意義與透過劇中角色的觀點所記錄的真實，為求保持敘事距離以達歷史客觀性的目的。〔註8〕《幸福的農民》透過林阿仁以第一人稱的角色，嘗試以劇情的方式安排來記錄真實，無論是《幸福的農民》本身所代表的宣傳意義，或是林阿仁本身眼見看到的嘉南大圳建設帶來整體農村的富饒，影片裡敘述著林阿仁的家庭及個人的經濟條件提升，並有能力娶妻共組家庭，邁向主流價值所評價的成功生涯——幸福的農民。至於台南州廳已先行嘗試製作了介紹嘉南大圳烏山頭工程的宣傳影片，而《幸福的農民》更上一層：

> ……於紀實影像之外，混搭一個虛擬的農村敘事，以「社會教化趣劇」的方式呈現，這些影像科技的噱頭以及寓教於樂的策略，無非是為了說服基層民眾，動員其協力這項水利工程及其相關的農事改革與集體耕作制度。〔註9〕

「以電影詮釋歷史，歷史的事件勢必由實入虛，變成一種虛構，甚至是一種傳奇。因為真實的事件已不能往復，只能基於鏡頭的詮釋」〔註10〕。透過鏡頭的詮釋，往往事件會由歷史步入傳奇的虛實辯證。因此紀錄片「在風格上極盡所能的讓觀眾信以為真，申言之，紀錄片只是把『真實』當作是一種風格問題，而紀錄片的『創造性處理現實』的結果會不可避免的引進『觀點』這種主觀的精神作用」〔註11〕。《幸福的農民》影片本身即帶有極強的宣傳教化功能，在此前提下，經過設計混搭的一個虛擬的農村敘事，其實仔細考究可以發現確實鋪陳了許多劇情的組合，而劇情的構思雖然是憑空想像，惟為配合劇情的需要於畫面呈現的人物演出、景物、器物、風俗、行為等，

〔註8〕 Ken Dancyger, Jeff Rush 著，易智言等譯《電影編劇新論》（臺北：遠流出版，2014 年 10 月），頁 340。

〔註9〕 陳淑容、柳書琴，〈宣傳與抵抗：嘉南大圳事業論述的文本縫隙〉，《台灣文學學報》，（台北：國立政治大學台灣文學研究所，2013 年），頁 186。

〔註10〕 簡政珍，《電影閱讀美學》，（台北：書林出版，1993 年），頁 160。

〔註11〕 劉立行，《當代電影理論與批評》，（台北：五南出版，2014 年），頁 225～226。

單純的只是提供影片的拍攝目的而構成的畫面，卻紀錄了真實的歷史而成為歷史的一部分。而這種實中帶虛的紀錄影像，也能引發觀眾更多的想像。另外，在製作的風格上，以能夠貼近農民生活經驗的劇情發展，選擇許多與農村社會息息相關且農民關心的劇情鋪陳，例如：農作物的收成情形、農村的迷信與祭祀相關場景、農民的娛樂、表彰儀式、結婚儀式等，刻意製造一種紀錄片的觀點，來讓觀眾信以為真，期待其共同投入並認同嘉南大圳事業的發展。

二、傳統戲劇

（一）歌仔戲

自 1910 年代以本地語言唱唸的台灣歌仔戲出現後，不論是廟會外臺的非商業性演出或是戲院內臺賣票的商業演出，常有招徠人氣的盛況，但卻也招致部分新舊知識份子的批判，根據日治時期四大報對歌仔戲的負面評價以 1926 年的 32 則、1927 年的 20 則最多，負面批評之分區統計以台中州與台南州各以 31 則居首位。這些投書對於歌仔戲實際演出敗壞社會風俗，深惡痛絕企盼當局確實加以取締。〔註 12〕

歌仔戲的形成「並非殖民現代化過程帶進來的娛樂形式，於是成為啟蒙知識份子確立自己文明形象所貶抑、排除的對象。因此，相對於知識階層的藝術趣味，如電影、新劇等，被視為高尚的娛樂，本土的歌仔戲則被刻板化為傷風敗俗」〔註 13〕。日治時期的知識份子又可區分成接受私塾漢學教育的舊文人及地方仕紳等——「傳統知識份子」，與接受現代化教育養成的新文學作家、文化運動或政治運動者等——「新式知識份子」；徐亞湘更進一步研究指出，傳統知識份子是反對淫戲而非反對戲劇的，按歌仔戲的主要觀眾群體是女性，大批女性觀眾公然前往「公共空間」看戲，著實挑戰著父權與夫權的傳統知識份子之價值觀。對於新式知識份子而言，歌仔戲不僅無法成為擔負啟發民智、文化向上的責任，反而成為阻礙的絆腳石。〔註 14〕

〔註 12〕林永昌，《觀眾視野下的台灣歌仔戲發展史》，（台中：天空數位圖書有限公司，2011 年），頁 63～64。

〔註 13〕游勝冠，《殖民主義與文化抗爭：日據時期台灣解殖文學》，（台北：群學出版，2011 年），頁 189。

〔註 14〕徐亞湘，《日治時期台灣戲劇史論：現代化作用下的劇種與劇場》，（台北：南天書局，2006 年），頁 25～31。

　　此外，在知識份子的一片撻伐聲中亦有持肯定歌仔戲的建議言論，無非是希望透過劇本或曲目的改良或是重視歌仔戲的大眾娛樂性質。甚至，當時文化界人士懷疑當局是利用歌仔戲來打擊民族運動者的工具。〔註15〕

　　……惟戲劇之優伶。要保持品格。知演劇旨趣。不可以此為淫媒。
　　若如前此某婦盜鉛事件。接續發生無恐人之指當。而當局之不許演
　　也。速妥為改良。以振台灣戲之名譽。又為班主者。最要監查優伶
　　之品格。是望。〔註16〕

　　……禁演固易。然將以何代之。使彼等有可娛樂。日間勞役。夜間
　　修養精神。是絕對有必要……。故歌仔戲之禁演。一利亦有一害。
　　宜深加籌度也云。〔註17〕

日治時期的「文化工作者一直未有曾應用歌仔戲之舉，反而透過各種宣傳媒體，批評歌仔戲，並要求當局查禁，這在運動性質上，不得不說是缺少本土性的一種知識人的偏執性格，也因此，文化劇〔註18〕的觀眾一直不若歌仔戲多，這是不爭的事實」〔註19〕。而且以新劇運動而言，是以「打破舊俗，改良風俗，以演劇教化社會」為主要目標，〔註20〕面對實際上台灣民眾的生活與思想的認識，文化工作者在政治與反抗帝國主義的步伐，顯得過於急切而缺少深刻之策略，在從事文化運動的過程中，若急切地期望在戲中宣傳，反而會適得其反變成過度知識化的高級品，孤立而難獲成功。〔註21〕是以歌仔戲與殖民現代化過程所移植的所謂高尚的娛樂相比較，當然平民化許多，對於傳統的農村社會更有其共同連結的歷史經驗，〔註22〕舉例來說，在早期宜

〔註15〕 邱坤良，《舊劇與新劇：日治時期台灣戲劇之研究（1895～1945）》（台北：自立晚報，1992年），頁208～210。

〔註16〕 〈歌仔戲改良即可〉，《台灣日日新報》，大正14年（1925）12月13日第四版。

〔註17〕 〈禁演歌仔戲有一利一害〉，《台灣日日新報》，昭和3年（1928）5月3日第四版。

〔註18〕 文化劇與新劇在日治時期的使用上仍是有分野的，與文協系統有關的劇團或團體而組成的劇團，排演時始稱文化劇，而新劇則泛指了以語言、動作為主要表演手段，採用分場、分幕的近代的編制方式，和寫實的化妝服裝、照明，表現當代生活面貌和近代歷史故事的近代話劇，因此文化劇仍在新劇的範疇之中。參見楊渡，《日據時期台灣新劇運動》，（台北：時報文化，1994年），頁97。

〔註19〕 楊渡，《日據時期台灣新劇運動》，（台北：時報文化，1994年），頁153。

〔註20〕 邱坤良，《舊劇與新劇：日治時期台灣戲劇之研究（1895～1945）》（台北：自立晚報，1992年），頁358。

〔註21〕 楊渡，《日據時期台灣新劇運動》，（台北：時報文化，1994年），頁156。

〔註22〕 一般認為歌仔戲的發祥地是宜蘭，宜蘭人的祖先絕大多數來自漳州，自然也將

蘭的「本地歌仔戲」（老歌仔戲）是屬於農村子弟的娛樂活動，「然而其表演並不隨便，演員除了口齒伶俐，能插科打諢，丑角更以半蹲姿勢走『閹雞行』，角色非常鮮活」〔註23〕，是不可分割的農村生活娛樂的一部分。此外，歌仔戲開始萌芽時，一般人演歌仔戲多純為興趣，農忙之餘，聚集在廟前廣場，即興就地演出歌仔戲，或為酬神，或為道賀喜慶，臨時組團演出歌仔戲。至後來發展成「落地掃」，始組成團體，以流動方式四處演出，可以在廟堂前廣場或街頭巷尾的空地，臨時拉起布幕後就地演出，甚至迎神遊行沿街表演。〔註24〕

值得注意的是《幸福的農民》影片的歌仔戲演出段落，保存日治時期「合義社」〔註25〕歌仔戲社團的演出珍貴記錄，包括服裝及演出身段，尤其各種台上的角色在固定的鏡頭前不停的繞圈行走，彷彿是在展示歌仔戲角色的服裝藝術之美，滿足拍攝者對於殖民地異地傳統戲劇的好奇，仰角的由下往上的拍攝取景，使之特別地聚焦在演員的上半身與頭部的裝飾與臉部的化妝表情，也讓本地觀眾能迅速分辨找出自己喜歡的角色。選擇「合義社」作為《幸福的農民》影片中表演歌仔戲的拍攝對象，可觀察出拍攝者對於北管樂的喜好程度。

台灣報界對歌仔戲得第一則撻伐，出現在 1925 年台南州方面的報導。〔註26〕尤其府城的知識份子更是透過報紙直接投書，要求警方嚴加取締，甚至質疑警方取締不力等訴求，1927 年 2 月於《台灣日日新報》刊登的〈來稿請禁歌戲入台開演〉、〈無腔笛〉等兩篇文章對於府城歌仔戲的演出竟以「輕嫌無術」、「口白淫狎」、「倚眉詔笑」、「紊亂風化莫此為巨」等尖銳之批判。〔註27〕此外就，1927 年 1 月 3 日文化協會分裂後，並無減損文化劇的運動

故鄉的鄉土歌樂帶進宜蘭，而日治時期的宜蘭仍屬於農業為主的社會型態。參見曾永義等著，《台灣新傳統戲劇之美》，（台中：晨星出版，2002 年），頁 12。

〔註23〕楊馥菱，《台灣歌仔戲史》，（台中：晨星出版，2002 年），頁 61。

〔註24〕莫光華，《台灣各類型地方戲曲》，（台北：南天書局，1999 年），頁 94。

〔註25〕影片僅呈現「合義社」字樣，尚難確認係何演出團體。舉例來說，蘆洲合義社成立於日治時期，原屬歌仔戲社團，經過懋德宮北管陣頭樂的曲館先生李武田指導，方改為北管樂團，參閱網路 http://blog.sina.com.tw/first99/ article. php?pbgid=42788&entryid=516237，最後瀏覽日期 2015 年 5 月 5 日。

〔註26〕〈赤崁特訊淫戲宜禁〉，《台灣日日新報》，大正 14 年（1925）9 月 27 日，第四版。

〔註27〕詳見〈來稿請禁歌戲入台開演〉，《台灣日日新報》，大正 16 年（1927）2 月 6 日，第四版。〈無腔笛〉，《台灣日日新報》，大正 16 年（1927）2 月 10 日，第四版。另可參閱林永昌，《觀眾視野下的台灣歌仔戲發展史》，（台中：天空數

力量，卻因分裂反而使文化協會內部更趨於激進化，這一年的文化劇，也在激烈的競爭中達到巔峰。〔註28〕

　　前述1926年、1927年是報紙輿論對歌仔戲劇種批評最嚴厲的時期，此外1927年的文化協會的分裂讓以台灣人為主的民族運動走上最顛峰之盛況，也是自此分裂削弱力量之刻，無論是新劇或文化劇的發展運動亦處於最鼎盛的時期，例如：1927年《台灣民報》曾刊載「……**組織革新青年會，當初先開通俗演講會，以後又再組織文化劇音樂隊並造就布景等，而會員又很熱心演習，出演的議題無非是革故鼎新，化昧就明，又且具備犧牲的精神貢獻社會……**」〔註29〕這種寓有民族改革及反抗思想的劇種，雖然殖民者採取局部開放的政治手段，仍屬芒刺在背，依然持續向殖民地的民族運動予以箝制，企圖鞏固殖民地與殖民母國的連結臍帶，進而以殖民地作為根據地，邁向世界經濟的帝國主義發展，即是日本延長主義在台灣的統治本質。〔註30〕

　　由官方色彩強烈的台灣教育會拍攝，並在1927年開始巡迴放映的《幸福的農民》，影片中特別選擇了歌仔戲野台戲的舞台與戲班演出的身段，無視於報紙輿論的批評聲浪不斷的貶損歌仔戲。正值文化協會分裂後，發展處於鼎盛的新劇或文化劇運動，也藉由刻意紀錄農村的歌仔戲演出影像，毋寧以宣傳歌仔戲是模範農村的大眾歡迎劇種，是契合台灣民間的生活經驗、歷史傳說與思考模式的形式，間接暗示著並不鼓勵農民去接觸屬於知識份子改革意識的新劇。亦即保留傳統的殖民地的傳統戲劇與具備現代化前衛進步劇場觀念的新劇，兩者權衡之下，殖民者選擇記錄了農村的歌仔戲演出影像。

　　在地當局為推展嘉南大圳事業，正如影片中「直順庄」的農民配合嘉南大圳政策，實施現代化的水路設施，獲得豐收，方能因慶豐年，熱鬧的享受農忙之餘的民間傳統戲曲。亦即《幸福的農民》影片是為宣傳嘉南大圳事業，如何讓現實裡的農民們能普遍成為像影片中「直順庄」的農民般協力當局，才是主要目的，至本土知識份子的異音，在殖民者擁有強大的輿論規制體系裡，似乎顯得不重要。惟嗣後的歷史發展，歌仔戲漸為台灣社會所接受，一直發展迄今。

　　　位圖書有限公司，2011年），頁72～76。

〔註28〕楊渡，《日據時期台灣新劇運動》，（台北：時報文化，1994年），頁109～110。

〔註29〕詳見〈文化劇又出世〉，《台灣民報》一七三號，昭和2年（1927）9月11日。

〔註30〕矢內原忠雄著，周憲文譯，《帝國主義下的台灣》，（台北：帕米爾書店，1987年），頁169～186。

（二）布袋戲

　　《幸福的農民》影片紀錄的傳統戲劇演出影像的另一種戲劇形式是布袋戲，布袋戲是偶戲的一種，由無生命的布偶代替真人演出的戲劇，所以包含了「造型藝術」（木偶雕刻與裝扮）和「表演藝術」（操弄木偶演出）的雙重屬性，觀看布袋戲可以享受一種暫時的、幻化的審美快感。〔註31〕而偶戲的特性在「表演上必須運用特殊的舞台效果及演出方式，突破偶戲的侷限性……在表演時必須強調角色特徵、製造特殊效果……藝師與戲偶渾為一體，再藉著戲偶與觀眾合而為一，成為偶戲表演的特色」〔註32〕。《幸福的農民》影片的掌中戲紀錄段落中，前場舞台後方的戲師正在操縱戲偶與口白的故事表演情形，戲棚裡也可隱約看到後場的師傅正在配合前場的武打戲，進行北管戲曲音樂的演奏，一覽無遺的欣賞經驗，滿足了觀眾觀看布袋戲時對於表演（戲）／造型（偶）的雙重滿足，除了吸引純樸的農村民眾以外。對於外來殖民者來說，日本傳統的淨琉璃人形劇是結合杖頭傀儡和「布袋戲」的造型與操弄方法，並著重樂曲伴奏的音樂敘述與人聲講唱的典雅藝術形式〔註33〕，因此對於源自於漢文化圈核心——中國的傳統戲劇，卻隨著台灣移民族群在民間逐漸發展形成的掌中傀儡的偶戲之藝術，所產生的好奇，自不待言。

　　日治時期掌中戲班多結合台灣最盛行的北管子弟戲，相較於南管的文戲，民間曾嘲笑北管只能搬出老虎、獅子翻滾等毫無戲文情結，因此被譏有「虎咬豬」的嘲諷。而後北管布袋戲發展成戲偶動作成為審美對象的時代傾向，特別是發展以老虎的演出為特色，甚至為了讓不懂台語的日本人能盡情欣賞，進而發展出《武松打虎》等戲齣。〔註34〕另外，從布袋戲的歷史發展來看，武戲最遲在日治時期就已經相當流行，因應觀眾品味的改變，一些固守文戲的傳統的老藝人，順應潮流地改學起布袋戲尫仔的武打招式，所謂當時流行的諺語「食老，才 the 學跳窗」。〔註35〕這樣的武戲發展，也是「台灣特殊的歷史情境，造就某些地方（特別是中南部）尚武的風氣，塑造了特殊

〔註31〕吳明德，《台灣布袋戲表演藝術之美》，（台北：台灣學生，2005 年），頁 613～614。
〔註32〕邱坤良，《台灣戲劇現場：抗爭與認同》，（台北：玉山社，1997 年），頁 175～176。
〔註33〕邱坤良，《台灣戲劇現場：抗爭與認同》，（台北：玉山社，1997 年），頁 174。
〔註34〕陳龍廷，《台灣布袋戲發展史》，（台北：前衛出版，2007 年），頁 58。
〔註35〕陳龍廷，《台灣布袋戲發展史》，（台北：前衛出版，2007 年），頁 65。

的社會文化，武館林立，獅陣盛行」〔註36〕。

《幸福的農民》影片裡出現的布袋戲演出段落，共可分成：動物（老虎）與人的武打場面、人形戲偶精采的武打對打招式的演出，所謂「尪仔架」你襲我一記，我擋你一招的精彩掌中操作。影片使用以上兩種武打場面作爲農村的布袋戲娛樂之紀錄影像，滿足日本人喜歡觀看打虎的尚武本性，台灣人也投其所好樂於演出打虎戲齣而配合回應之，從當時《台灣日日新報》的報導可看出端倪：

> 但一面新莊街之布袋戲非常發達好評……據聞內地人不解布袋戲之
> 台灣語云，然極喜觀打虎，故吾輩到處以投其所好，於是水滸傳中
> 之武松打虎，日夜大大的宣傳。彼白額吊睛之大蟲，咆嘯一聲，向
> 前便撲，武松施展神威，揮出巨拳，與之相拒。內地人觀者，皆樂
> 此不疲，亦可見其國之尚武使然也。〔註37〕

這篇報導出自於同樣是《幸福的農民》影片公開放映的 1927 年，因此無論是《幸福的農民》影片的拍攝者刻意篩選或是影片中布袋戲戲師自行主動選擇的題材，都對於打虎的演出以及人形戲偶精采的武打對打招式的表演，這兩種武打場面的影像呈現，應有共同的認識默契。從布袋戲在日治時期的發展趨勢可以看出，殖民者與被殖民者在戲劇認知與態度的良性互動。

金關丈夫在《民俗台灣》的〈民藝解說〉欄是借用實物來啓發讀者之觀察、審美能力，認爲「美」是最難在看慣之東西中發現，這是爲何本地人對本地的民藝評價不高，反而外地人評價較高的理由。另外，柳宗悅對於從內地請人來指導工藝品良窳有其迷思，認爲：

> 這是由於不尊重本島本來的東西使然。把一切東西改成內地方式，
> 以爲這就是改良的想法是大錯特錯。……不要以內地作樣本，要尊
> 重這個土地的傳統，把它發揚光大。〔註38〕

同樣的道理，在戲劇上，日本殖民者對於台灣本土傳統戲劇的評價看法，以及所採的包容態度，除了皇民化運動的動員時期以外，大部分的政策仍是相

〔註36〕陳龍廷，《台灣布袋戲發展史》，（台北：前衛出版，2007 年），頁 63。

〔註37〕詳見〈無腔笛〉，《漢文台灣日日新報夕刊》第四版，昭和 2 年（1927）7 月 14 日。

〔註38〕林莊生《回憶台灣的長遠路程》，（台北：玉山社出版，2014 年），頁 188～189。另可參閱〈臺灣民藝に就いて下〉，《民俗臺灣》第三卷第六號（通卷第二十四號），（台北：東都書籍台北支店，1943 年），頁 15。

當尊重這個土地的傳統,從《幸福的農民》影片的紀錄情形,確實可尋找出相當的跡象,來輔助說明布袋戲在日治時期的蓬勃發展,一直延續到今日。

三、影像紀錄與文學作品書寫之比較（龍瑛宗〈趙夫人的戲畫〉、鄧南光攝影作品、張文環〈閹雞〉）

本書選擇研究龍瑛宗的〈趙夫人的戲畫〉〔註39〕小說中,戲台上的戲劇演出在小說敘事結構的位置,彷彿只是小說人物情節發展互動的背景,但是倘若小說的鋪陳變更了戲台上的戲劇演出的背景而換上其他的背景,閱讀小說則會失去部分的況味,意即〈趙夫人的戲畫〉的戲劇演出的描述是小說創作鋪陳的必要組成。鄧南光的〈大士爺前看大戲〉、〈謝平安〉、〈做大戲〉、〈看大戲〉四件攝影作品〔註40〕,是從靜態的攝影文本中尋找拍攝者、作品與觀者間對於底片凝結瞬間的歷史事實的認知探討。再藉由藝術形式極高的張文環的〈閹雞〉的美感探尋,析論《幸福的農民》在戲劇演出段落的觀影經驗裡,文學作品所提供的另一種層次的觀影想像。

龍瑛宗的〈趙夫人的戲畫〉小說的兩位人物:趙俊馬、山豬二人想到晚上村子裡有搭戲台,欲以看戲的現場來尋覓是否有合適的異性對象:

> 今晚村子裡有搭戲台,好久沒看了,一起去看看吧！反正你也悶得發慌了,就當是找鄉下的姑娘探險吧！〔註41〕

鄉下的露天看戲的戲台除了提供民眾看戲以外,因為戲台高於人們的視線而目標明顯,往往成為人群聚集或約會之地點。甚至對於台上的演出漠不關心,只在乎在戲台前自己的社交活動:

> 眼前的人群和戲,趙俊馬和山豬連看都沒看一眼,中途就起身直奔那家小吃店二樓。〔註42〕

〔註39〕龍瑛宗的,〈趙夫人的戲畫〉,原題〈趙夫人の戲畫〉發表於《台灣新民報》,1939 年 9 月 23 日～10 月 15 日。

〔註40〕〈大士爺前看大戲〉拍攝於 1933～35 年間,新竹北埔;〈謝平安〉、〈做大戲〉、〈看大戲〉等拍攝於 1935 年,新竹北埔。參閱鄧南光攝影、古少騏撰文,《看見北埔‧鄧南光:客庄生活影像故事 1》(苗栗:客委會客家文化發展中心,2012 年),頁 40～47。

〔註41〕龍瑛宗著、葉笛譯,〈趙夫人的戲畫〉,《龍瑛宗全集‧一（中文卷）》,(台南:國家台灣文學館籌備處,2006 年),頁 110。

〔註42〕龍瑛宗著、葉笛譯,〈趙夫人的戲畫〉,《龍瑛宗全集‧一（中文卷）》,(台南:國家台灣文學館籌備處,2006 年),頁 111。

　　另一方面，小說中的另一人物：彭章郎也在結束一天的長工工作後，夾雜在人群中看戲，卻遇見了方才趙俊馬和山豬在戲台下爲之起鬨的少女——冬蘭。〔註43〕小說裡這三位男性的角色遇見冬蘭，是因看戲爲機緣，小說得以繼續深刻的牽動並連結彭章郎與冬蘭的命運。而看戲的地點，就在傳來咚鏘咚鏘喧鬧鑼聲，臨時搭成的露天舞台前。趙俊馬、山豬二人是爲尋求認識新的異性對象而結伴去看戲，彭章郎是排解下工後的無聊，亦即這三位青年都把看野台戲當作重要的休閒活動；雖然趙俊馬、山豬二人對於眼前的人群和戲完全不在乎，彭章郎聽著人們往來的走動聲就感覺到幸福，也沒興趣看懂戲在演什麼。姑且不論戲台與廟會的依存關係，看野台戲在日治時期鄉間確實是人們重要的休閒活動。

　　觀看《幸福的農民》的「慶豐年」影片段落（26'36" / 82秒），從林阿仁新婚夫婦一行人在寺廟前祭拜完畢，隨即鏡頭呈現從寺廟建築的外觀、廟前廣場與人群、連貫的連續鏡頭再推移至露天的舞台，因此影片裡的舞台上表演的戲劇，是屬於廟前的戲劇演出。所謂廟前或廣場臨時搭建的露天舞台作爲演出場所，亦即中國大陸北方的「野台仔戲」，這種提供免費看野台仔戲的風氣在各地盛行的舞台共區分爲三種：大人戲棚、布袋戲棚與皮猿戲棚。前述影片鏡頭呈現的即是一般的大人戲棚，因爲舞台的構造簡單，搭設動工後幾個小時就可上演，舞台前並不使用開閉的幕，所以觀眾可以在舞台下清楚的看到演員出入舞台，只有在後台裝設有隔板，作爲演員的出入口：左邊是「出將」，右邊是「入相」，〔註44〕《幸福的農民》影片詳實的記錄了舞台上的出將、入相等實際位置之配置情形，以及大人戲棚的眞實影像紀錄。

　　閱讀〈趙夫人的戲畫〉小說中看戲的鋪陳，敘述的相當熱鬧非凡：「**臨時搭成的露天舞台上，傳來咚鏘咚鏘的喧鬧鑼聲**」。《幸福的農民》連續的遠鏡頭、廟埕前人潮踴躍的觀看露天舞台上演出的戲劇，清楚地呈現在畫面上，影片也以近鏡頭詳實的記錄了舞台上的演員演出細節，甚至彷彿是在展示歌仔戲角色的服裝藝術之美，這樣的拍攝記錄方式包含了劇場和電影概念的雙重意義。然而，「劇場和電影之間有一個非常重要的差異處：那就是攝影機可以移動，因此，觀眾（電影觀眾）觀賞的位置，遠至劇場式廣泛、客觀的角

〔註43〕龍瑛宗著、葉笛譯，〈趙夫人的戲畫〉，《龍瑛宗全集·一（中文卷）》，（台南：國家台灣文學館籌備處，2006年），頁110～113。

〔註44〕片岡巖著，陳金田譯，《臺灣風俗誌》，（台北：眾文圖書，1987年），頁163～164。

度；近至高度主觀的觀點鏡頭」〔註45〕。

影片裡，以近鏡頭的景框來觀看紀錄舞台上的演員演出細節，相當接近劇場概念，讓觀眾（電影觀眾）能透過影片呈現的舞台上戲劇表演的角色，客觀地目睹了舞台上珍貴的紀錄影像。另外，與前述的近鏡頭的接近劇場概念相比較，而以遠鏡頭呈現廟埕前人潮踴躍的觀看露天舞台上演出的戲劇，卻是一般電影的概念。因此，「觀眾常常是透過角色的觀點來觀看事件之經過；於是觀眾對於該事件的闡釋，可以主觀到好像完全由角色來敘述給我們來聽一樣——連那場戲的音效和色調都會反映出角色的態度」〔註46〕。儘管《幸福的農民》是默片形式沒有聲音音效，惟觀眾可以強烈的感受到從影片畫面的鏡頭位置移動中，目睹了從寺廟建築物前到戲台前一路上人群聚集的熱鬧情形。而閱讀〈趙夫人的戲畫〉小說的情節，趙俊馬、山豬或彭章郎分別在露天舞台的戲棚下巧遇女主角多蘭，小說敘述的場景：戲台下人潮鑽動的熱鬧氣氛，文字形容的想像場景，可以在《幸福的農民》影像畫面的具體視覺經驗中，得到更清楚的輪廓，重新認識小說的場景敘述。

而小說描述著彭章郎前往看戲的前後心理變化：「**另一方面，彭章郎也在結束一天的工作之後，洗了個澡，換上見輕便的衣服出門看戲去**」。他只是期望能去感受戲台前的觀眾、舞台上戲班演員演出與樂師的配樂演奏的熱絡互動氣氛，至於演出的內容卻漠不關心：「**彭章郎夾雜在人群中看戲，卻沒看得懂那戲到底在演些什麼**」。另外，趙俊馬和山豬也是，甚至還當作是認識異性交友聯誼的機會。《幸福的農民》在戲台演出的影片段落，提供包含了劇場和電影概念的雙重意義之影像紀錄，影片裡那些在戲棚下走動的人群，有多少人是真正在看戲，享受《幸福的農民》影片裡景框中的戲台上的演員演出的影像，進入戲劇的世界；或是像彭章郎只是去感受「看戲」這個行為本身的趣味，抑或是像趙俊馬和山豬一樣把其當作社交行為的平台，因此從〈趙夫人的戲畫〉小說閱讀的經驗也可以輔助《幸福的農民》影片的觀影視角，獲得更多的考察與想像。

1935 年剛從日本返台的鄧南光〔註47〕，開始拍攝其客家庄的故鄉北埔，

〔註45〕Ken Dancyger, Jeff Rush 著，易智言等譯《電影編劇新論》（臺北：遠流出版，2014 年 10 月），頁 296～297。
〔註46〕同前註，頁 297。
〔註47〕鄧南光，攝影家，本名鄧騰輝（1907～1971），新竹北埔人，日治時期台灣攝影先驅者。

而無論是以北埔慈天宮的廟前為中元普渡演出的客家大戲,或是農曆十月半的平安戲,戲台前觀眾人山人海,照片畫面裡觀眾大部分都是男性,女人只敢站在騎樓的走廊上,不敢到舞台前同男性一起擠,尤其當時男性興起戴帽子,農人戴斗笠、較有地位或年紀稍長者戴氈帽、年青人戴鳥帽、學生戴學生帽,鄧南光拍攝的看戲照片,確實提供了日治時期戲台前觀眾群像的寶貴影像資料。〔註48〕

　　幾幅照片中舞台上演員的扮相與演出,再比對《幸福的農民》中野台戲演員的影像,無論是歌仔戲或是客家大戲這些剛剛發軔於日治時期民間的戲曲,其中加入融合的中國民俗戲曲等外來元素,甚至相互吸收的發展脈絡,提供了珍貴的影像紀錄。尤其鄧南光以照相寫真的構圖方式,試圖以極致的寫實主義(realism)來紀錄真實,而攝影作品的靜態定格的特性,具有瞬間擷取並凝聚真實現場的功能,因此「相較於動態的影片(電影)的特性,更具有強化風格和強調敘事的寫實性。時至今日,即使日常攝影(照片攝影)幾乎清一色屬於彩色攝影,但攝影藝術仍相當偏好黑白,而非彩色攝影」〔註49〕。在《看見北埔・鄧南光》的攝影作品文集中的四幅照片:〈大士爺前看大戲〉照片中,鎮守各路孤魂的大士爺移駕至戲棚旁,結合了民間信仰與神明前獻演的習俗;〈謝平安〉的照片上,呈現了看戲民眾的熱絡情形,連小孩都被擠至戲台邊而趴在戲台上看戲;〈做大戲〉正上演著關公戲碼,照片中清楚的演員穿著武生的裝扮,奮力的演出關公忠孝節義的故事,從台下觀眾的表情可看出演出的精彩想像;〈看大戲〉更把〈做大戲〉照片中觀眾頭熱的看戲情形的鏡頭,拉至更遠處來擷取影像,從照片中更可分辨不同年齡層、職業投入看戲的實況。

　　考察以上四幅照片,其中〈謝平安〉、〈做大戲〉、〈看大戲〉這三幅照片,從舞台的擺設與觀眾的相關位置,可以考證出是在同一場地的連續拍攝作品。野台戲的舞台搭設的簡陋程度,棚架僅以未經處理的樹幹與竹材簡易的綑綁固定,戲台上使用的木材鋪設成不平整的地板,頂棚吊有燈泡供夜間演出照明使用,可想像當時野台戲的戲台設施之簡陋情形。透過鉅細靡遺的照片寫真,觀察到觀眾認真看戲的表情與熱烈的回響情景,雖然舞台不甚理想,但是客家大戲係結合不同戲種而改良成為客家族群在廟會慶典的重要謝神儀

〔註48〕照片參閱鄧南光攝影、古少騏撰文,《看見北埔・鄧南光:客庄生活影像故事 1》(苗栗:客委會客家文化發展中心,2012年),頁40〜47。

〔註49〕Nicholas Mirzoef 著,陳云云譯,《視覺文化面面觀》,(台北:韋伯文化,2012年),頁14。

式之一。

「眼見（seeing）不一定爲眞（believing），而是一種詮釋（interpreting），視覺影像的成功或失敗，係根據我們可以詮釋它的程度而定」〔註50〕。鄧南光的攝影作品運用相機瞬間抓住眞實的歷史事件，呈現在相紙上，尤其是〈看大戲〉所有台下觀眾都望向舞台上精彩的大戲表演，爭先恐後的在各個最佳的看戲角度佔好位置。雖然一個歷史事件可能需要許多照片來拼湊，還原，並期待其能更接近眞實歷史，因此僅憑一張照片或許無法完全來詮釋事件的始末。而「觀眾在電影裡的視覺經驗和觀賞照片不同，相片裡的人影永遠在眼前，而電影裡的人事，觀賞過後，早已沉入記憶」〔註51〕。所以鄧南光在〈看大戲〉相紙畫面的構圖上，以幾乎填滿了觀眾而產生數量巨大的美感與其各自臉部的豐富表情，引起觀看照片者注目的焦點，產生強烈的戲劇張力而進入畫面的世界裡。甚至在詮釋的過程中，透過文本的分析，將「文本的想像空間，經過論述的實踐而將它實現，並伸展它的意義，亦即『文本性』（textuality）」〔註52〕的本身的詮釋作用，是否超越了接近歷史的眞實性之詮釋作用？

另外，以電影紀錄片形式拍攝的《幸福的農民》作品，基於電影由多樣的影像組成，不像照相和繪畫只製造出單一影像，此外，電影具有動態特性，也不像報章連載的連環圖畫是靜態的圖像。而電影「多符碼」的媒體特性，包括：電影特有的符碼（例如：展開移動、多重影像等攝影機運動、連戲剪接等和電影的定義相連結的符碼）；非電影特有的符碼，亦即電影和語言共通的符碼。〔註53〕《幸福的農民》使用電影作爲媒介，運用電影本身具有的「多符碼」電影語言的特性，去敘述歌仔戲等民間戲劇在農村的演出紀錄，雖然主觀上是以充滿宣導嘉南大圳事業的意識形態爲前提，由殖民者主導製作，其中歌仔戲的演出情形及戲台前即景的拍攝過程，亦由殖民者篩選決定內容，但是在客觀上卻忠實的呈現眞實的歷史情境，而在詮釋上遇到了期待能

〔註50〕 Nicholas Mirzoef 著，陳云云譯，《視覺文化面面觀》，（台北：韋伯文化，2012年），頁83。

〔註51〕 簡政珍，《電影閱讀美學》，（台北：書林出版，1993年），頁3。

〔註52〕 廖炳惠，《關鍵詞200：文學與批評的通用辭彙編》，（台北：麥田出版，2003年），頁255。

〔註53〕 Robert Stam 著，陳儒修、郭幼龍譯，《電影理論解讀》，（台北：遠流出版，2002年），頁166。

在「辨識歷史的眞實事件」與「辨識對此歷史的眞實事件所做的再現」〔註54〕
兩者間不斷地來回的弔詭。因此，眞實與虛構的界線究竟是不可撼動且絕對
存在相互對立的邊界？爾或是隨著詮釋作用的相對性是可以流動位移的？可
以從《幸福的農民》的有關歌仔戲影片的段落，以較爲整體性／宏觀性的評
價觀點來研究動態影像（電影）的詮釋；配合鄧南光的客家大戲攝影作品，
以較爲局部性／微觀性的評價觀點來研究靜態影像（照片）的詮釋，更完整
的來分析探索日治時期民間戲劇的發展現象。

　　對於張文環的小說創作蘊含著高度的人文關懷與鄉土意識的內涵，陳芳
明的評論如下：

> 祭典、禮俗、廟會、祭祀等等細微的情結，成爲張文環小說中的敘
> 述焦點，而張文環內心所認同的地方文化，相較於日本人心目中的
> 地方文化，顯然有很大的落差。他把庸俗的、質樸的鄉土故事，提
> 煉成爲精緻的文藝作品，對照於戰爭時期台灣總督府要求的戰爭美
> 學，他的創作方向顯然是與之違背的。〔註55〕

張恒豪評論張文環「在作品表現上，張文環的人道情懷流露於外，民族意識
則隱藏於內，民族精神和人道主義的合流可說是其文學思想的特質」〔註56〕。
游勝冠則認爲張文環小說所寫的山村：「山村裡的農民依據農曆和節氣形成的
生命節奏週期性地舉行祭典。並連結祭典中的鑼鼓、舞獅、跳車鼓與歌仔戲
等本土文化，都將台灣人與民族，以及與民族認同相關的歷史和文化，讓台
灣人在這裡找到『民族歸屬感』」〔註57〕。本書試圖以〈閹雞〉小說中節慶的
農村名義活動的情節，提出分析研究其反映的各種意義之面向爲何，並兼論
《幸福的農民》的對照研究。

　　〈閹雞〉小說中，女主角月里有機會被邀請擔任弄車鼓遊行的「車鼓旦」，
而參加車鼓陣的演出：

> 這次的弄車鼓，車鼓旦是個眞正的女人哩，眞女人扮車鼓旦，在村
> 子裡還是破題頭一遭啊，人人都好奇地爭相走告。就因爲人們說個

〔註54〕參見李道明，《紀錄片：歷史、美學、製作、倫理》（臺北：三民書局，2013
　　　年），頁131。
〔註55〕陳芳明，《台灣新文學史（上）》，（台北：聯經出版，2011年），頁191。
〔註56〕張文環著、張恒豪編，《張文環集》，（台北：前衛出版，2004年），頁10。
〔註57〕游勝冠，《殖民主義與文化抗爭：日據時期台灣解殖文學》，（台北：群學出版，
　　　2011年），頁551。

沒完，月里禁不住地想拉倒算啦，也向負責的人說過，可是月里自己彷彿也被煽動著，讓出到民眾面前跳舞的魅力給吸引住一般，沒辦法打從心底拒絕這項差使。

「伊娘的，是誰洩漏了？」〔註58〕

由於歌仔戲初期所發展的表演形式與車鼓戲、車鼓陣極為相似，具有某些特質上的承襲相沿關係。此外，車鼓戲在民間又稱「車鼓弄」或「弄車鼓」，由丑、旦合歌舞以代言演出的調笑逗趣二人小戲。車鼓若出現在民間陣頭遊行行列中，則形成了車鼓陣。以踩街方式邊走邊演，陣容較弄車鼓來得盛大。〔註59〕也就是說歌仔戲剛形成時是以「歌仔」坐唱為主，進而吸收車鼓戲的身段、音樂而結合形成「歌仔陣」的歌仔戲淵源。

「受到台灣社會保守風氣的限制，以及女性表演風氣未形成的影響，日治時期及光復後的子弟班，多數為男性，偶爾有女性扮演車鼓旦，便會人人好奇地爭相走告，好奇心被煽動起來了」〔註60〕。〈閹雞〉小說提到客家戲對於一般戲劇的影響：「受了客家歌劇對一般的戲劇的影響，戲裡的女角，非由女人扮演，便被認為是不成話說。」〔註61〕而閩南人稱為的「歌仔戲」客家人稱做「改良採茶戲」，萌芽之始以伴奏樂器的弦樂為主，不但融合了車鼓弄，也加入了客家戲的採茶調，再增添鑼鼓，不斷慢慢吸收大陸流傳來台灣的各種地方戲曲的內涵，〔註62〕當然包括客家戲的四評、採茶戲、茶地戲等。張文環不但引喻客家戲對歌仔戲的影響，女角由女人扮演才能符合性別的特色。

〈閹雞〉小說更進一步替女人扮演女角提出辯護：

這些日子以來，來到村子裡的叫做男女班的歌仔戲，豈不是堂堂正正地在舞台上上演，讓人們陶醉嗎？〔註63〕

「歌仔戲在發展初期，因劇目內容或藝人表演有傷風化而處處被禁，戲班為躲避演出淫戲罪名及被查禁的危險，紛紛更改名號而自稱為『男女班』、

〔註58〕張文環著、張恆豪編，〈閹雞〉，《張文環集》，（台北：前衛出版，2004年），頁200。

〔註59〕楊馥菱，《台灣歌仔戲史》，（台中：晨星出版，2002年），頁39～41。

〔註60〕楊馥菱，《台灣歌仔戲史》，（台中：晨星出版，2002年），頁43。

〔註61〕張文環著、張恆豪編，〈閹雞〉，《張文環集》，（台北：前衛出版，2004年），頁201。

〔註62〕莫光華，《台灣各類型地方戲曲》，（台北：南天書局，1999年），頁94。

〔註63〕張文環著、張恆豪編，〈閹雞〉，《張文環集》，（台北：前衛出版，2004年），頁201。

改良戲或白字戲」〔註64〕，張文環也在小說裡提到大正十三（1924）年是「台灣歌劇」的全盛時代，對於歌仔戲的形式或戲目都泛稱以「男女班」來稱呼。月里生活在民風未開的鄉間，仍由父權掌控的保守社會，普遍認為女子不可輕易的在外面拋頭露面的父權宰制之價值體系的桎梏裡，更遑論是被部分知識份子貼上敗壞風俗的標籤，批判撻伐其「淫戲」形象。女性主體意識的覺醒，使得月里成為勇於表現自我的女人，車鼓陣的表演讓月里掙脫了父權的桎梏，大膽的舞出女人的撫媚與愛恨。而「歌仔戲」、「跳車鼓」這種本土文化，一直是新知識份子所極力批判的，而其動搖人心的野性，游勝冠認為與繪畫相比較，同樣擁有某種藝術的感染力，亦即，都具備「酒神文化」的非理性特性。張文環透過月里、阿凜以及他們散發生命能量的藝術熱情，彰顯他在兩者之間所找到「酒神文化」精神的共通性。〔註65〕

　　《幸福的農民》影片的歌仔戲演出段落，保存日治時期「合義社」歌仔戲社團的演出珍貴記錄，鏡頭前各個穿著不同戲服的演員，在固定的鏡頭前不停的繞圈行走，這樣的鏡頭處理所拍攝的影像，無論是舞台上的演員們按真實歌仔戲劇本的某齣戲而演出的橋段，或是《幸福的農民》製作單位要求演員刻意在鏡頭前表演，都彷彿像是一場歌仔戲各種角色的戲裝博覽會，展示殖民統治多元包容的態度，意圖建構殖民地民間地方戲曲的形象，以類似西川滿對於台灣民俗的耽美興致一般，透露出南方憧憬的異國情調浪漫想像，因此，同樣令人聯想到「酒神文化」的關聯性。尼采形容酒神的藝術創作狀態如同「跟醉狂玩遊戲」，而將它轉變成思想方法，會伴隨著懷疑和拆毀的強大推動力，可以從中建立起新的世界。〔註66〕從《幸福的農民》「慶豐年」的影片段落，所呈現的有關歌仔戲或布袋戲等戲劇的實況紀錄，與整部影片的拍攝目的或是其他部分的影片內容的指導原則——宣傳嘉南大圳事業來做比較分析。亦即，整部影片除了介紹嘉南大圳興建的設施以外，影片的發展幾乎都圍繞在以林阿仁為主的故事發展，唯獨在民間戲劇影片紀錄這部分缺少了林阿仁這個主角的演出軸線之存在。仔細分析這一個放在整部影片最後

〔註64〕徐亞湘，〈落地掃到戲園內台的跨越〉，《百年歌仔：2001年海峽兩岸歌仔戲發展交流研討會論文集》，（2001年8月30日至9月15日舉行，國立傳統藝術中心舉辦），頁408。

〔註65〕游勝冠，〈肯定差異價值的主體回復：論張文環小說中的我族書寫〉收錄於柳書琴、張文薰編選《臺灣現當代作家研究資料彙編06：張文環》（臺南：國立臺灣文學館，2011年3月），頁265～268。

〔註66〕黃國鉅，《尼采——從酒神到超人》，（香港：中華書局，2002年），頁20～21。

段落的戲劇影像紀錄，如同壓軸一般，既顯重要又脫離了整部影片的宣傳說教之敘事風格。

以「酒神文化」美學來分析《幸福的農民》的影片，用阿波羅（太陽神）和戴奧尼索斯（酒神）來比喻，阿波羅和戴奧尼索斯這兩種彷彿是對立的象徵，既有美學的意義，也有形上的概念，阿波羅這個夢境之神提供「夢幻世界的美麗形象」，當人進入阿波羅情態（作夢）時，變成具有藝術家的氣質；若是身處在戴奧尼索斯的情態中，「人不再是藝術家，他自己變成了藝術品，他喜不自禁的昂首闊步，看起來彷彿是夢中的神在走路」。〔註67〕前述戴奧尼索斯的情態因喜不自禁的昂首闊步，進入「酒神文化」的精神領域，而《幸福的農民》影片於鏡頭前各個穿著不同戲服的演員，在固定的鏡頭前不停的繞圈行走的影片紀錄，在整部影片以宣傳基調為主的影像風格或戲劇的影像紀錄的內容形式而言，似乎有種超越既定的理性框架的嘗試。聯想到所謂：

> 西洋戲劇起源於希臘，而希臘戲劇則起源於酒神祭典，它的祭祀儀
> 式和古代的魔法化粧儀式緊密相連，因此衍生出悲劇、喜劇的表演
> 方式，帶有強烈狂歡氣息的崇拜，代表了西方文化感性的一面，因
> 此認為巴卡斯（酒神）是感性的象徵，與阿波羅象徵的理性精神相
> 輔相成，又互相對抗。〔註68〕

因此，當《幸福的農民》的影片的戲劇影像紀錄脫離了以林阿仁為主角的演出軸線之劇情範圍，卻獨立編排於整部影片的最後部分，擺脫了整部影片說教宣傳的意旨，林阿仁的角色特性就是帶有理性現實的殖民者所塑造的阿波羅形象——夢幻世界的美麗形象，也代表了殖民者對於理想殖民統治的憧憬。而在戲劇影像紀錄的段落裡，卻是殖民者所塑造的戴奧尼索斯形象，象徵對於殖民地異民族文化的多元包容態度；另外，《幸福的農民》影片於鏡頭前各個穿著不同戲服的演員，在固定的鏡頭前不停繞圈行走的影片紀錄，對比整個的戲劇影像紀錄段落，若僅以戲劇的角度來評價，又是相當於戴奧尼索斯形象 VS 阿波羅形象，只是繞圈行走的影片紀錄是相對於整個戲劇影像紀錄段落的戴奧尼索斯形象。至於張文環則透過月里、阿凜及其非理性情愛的跨越性別差異的界限，亦是殖民主義任意劃定的文化差異界限。〔註69〕透

〔註67〕陳懷恩，《尼采藝術形上學》，（嘉義：南華管理學院，1988年），頁115。

〔註68〕何恭上，《希臘羅馬神話101》，（台北：藝術圖書，2009年），頁209。

〔註69〕游勝冠，〈肯定差異價值的主體回復：論張文環小說中的我族書寫〉收錄於柳
書琴、張文薰編選《臺灣現當代作家研究資料彙編06：張文環》（臺南：國立

過追尋戴奧尼索斯形象的精神解放，提升了自身文學的藝術性，並對殖民地的精神桎梏與父權壓抑的性別意識提出批判，陳芳明評論：

> 小說中閹雞的意象，既暗示她丈夫的去勢，同時也象徵大多數台灣
> 男性的去勢。〔註70〕

　　至於月里對於扮演戲劇的戲服能夠穿在身上的強烈渴望，也是一種對於傳統道德束縛的覺醒，透過女性參與車鼓陣的演出，顛覆性別不平等的社會共識與父權宰制。在如同戴奧尼索斯形象的戲劇世界裡，《幸福的農民》影片於鏡頭前各個穿著不同戲服的演員，在固定的鏡頭前不停的繞圈行走的影片紀錄，在當時公開放映時，觀眾的觀影想像如何，是既新奇又羨慕，還是認為僅係殖民者一廂情願對於異民族文化好奇而拍攝編排的段落，張文環的〈閹雞〉卻提示了不同的看法，月里認為：

> 月里好羨慕那仙女般的古典裝扮的女人身姿，她覺得這一生在死以
> 前，希望至少也穿一遍那種衣裳。〔註71〕

第二節　祈雨儀式

一、祈雨儀式的影片分析

　　《幸福的農民》有關祈雨儀式的影像內容非常珍貴（11'03' / 149秒），包括由「降雨占卜」（雨の占卜）（11'03' / 30秒）和「乞求下雨」（雨乞ひの祈禱）（11'33' / 119秒）兩個部分組成。影片中設定的後善庄農民依循傳統耕作模式與對自然現象的觀念與迷信，是引進現代化灌溉設施與注重西方現代化科學實證精神之日本帝國所不容的。而人類文明的發展，在使用文字以前的原始信仰，基於向大自然未知世界的畏懼與敬仰，各種民族多有其對天地神靈的信仰。日本也不例外，其實日本「在最初的繩文時代，未開化人就舉行咒術的儀式，通過咒言感應自然界，求得漁獵豐饒、生的渴求、靈魂的救濟和共同體的安定……可以說，古代日本文化是以咒的祭祀形式作為母胎發展起來的」〔註72〕。鈴木清一郎認為台灣民間對神的認知，包括神（神明）以

臺灣文學館，2011年3月），頁268。
〔註70〕陳芳明，《台灣新文學史（上）》，（台北：聯經出版，2011年），頁190。
〔註71〕張文環著、張恆豪編，〈閹雞〉，《張文環集》，（台北：前衛出版，2004年），頁201。
〔註72〕葉渭渠，《日本文化史》，（台北：遠足文化，2012年），頁31～36。

外的死靈、鬼與妖怪等，相異於其他國家人民的看法。〔註73〕

　　台灣人本身處於多元融合的移民社會，蘊含多樣又複雜的傳統信仰文化，即使在以自然崇拜爲主而發展起來屬於日本人固有的神道教信仰，雖然其發展的歷程還通過中國渡海傳來的佛教、儒教的影響，惟對台灣傳統民間多樣又複雜的神明崇拜信仰，很容易將之歸類於迷信的荒誕行爲，雖然殖民統治以默許不刻意打壓民間信仰的放任策略來攏絡民心，但爲建設嘉南大圳灌溉設施，俾增進農業生產累積殖民地資本，既要導入現代化的農業生產方法，也必須設法破除迷信陋習。

　　因此《幸福的農民》的影片拍攝時期，還未至皇民化階段強力推行日本神道教等殖民統治政策的實施，爲了遂行現代化嘉南大圳事業能有效率的推廣於農民週知，並順利實施灌溉水路，增進農業生產目標，影片刻意強調後善庄農民的落後迷信觀念，於是製作者以相當長的影片篇幅（時間）記錄其自認爲不正確的迷信過程，揭露迷信的祈雨儀式終將被新式的農業現代化生產方法所淘汰。

（一）降雨占卜

　　觀察祈雨儀式影片的「降雨占卜」與「祈求下雨」兩個影片段落，林父的角色占了相當重要的份量，尤其在「降雨占卜」的段落裡，是以林父爲主軸的劇情發展，影片中林父認爲看天田的乾旱與不下雨的情形歸責於大自然的因素，遂前往卜卦師問卦的處所尋求解答，林父在演出的過程中，無論肢體動作或臉部表情的演出相當豐富，在其他同時演出的演員相較之下，林父的演出顯得相當突出，甚至卜卦師只是坐著被動回應林父的演出，臉部幾乎沒有表情。這樣的問卜抽籤畫面安排，其鏡頭著重於林父的表演，凸顯了林父對於乾旱氣候的焦慮，因爲在前一個影片段落裡已鋪陳暗示了林父的焦慮，字幕卡顯示著：「明日あたりから雨が降らないと植付に困るがな——」（如果明天還不下雨，插秧就麻煩了）。還有林父雙手交叉並無奈的獨佇在旱田的遠鏡頭身影，畫面裡林父渺小且輪廓不清晰的身影站在諾大的乾旱田地的景象，影像的力量遞增了林父的焦慮與無助的成分，爲進入「降雨占卜」的影片段落前，必須求助於問卦迷信的理由埋下前因的劇情鋪陳。

　　因此在「降雨占卜」的影片段落裡強調林父的演出，除了劇本安排對於

〔註73〕鈴木清一郎著，高賢治、馮作民編譯，《臺灣舊慣習俗信仰》，（台北：眾文圖書，1981 年），頁 20～21。

明天就要進場插秧，卻仍然連日處於乾旱的窘境而寄託於問卜的迷信行為以外，當問卜結束，卜卦師拒絕收受林父給付的費用，林父仍執意付錢的畫面，再次強調林父對於迷信行為的冥頑不固。影片中林父的行為其實就是影射後善庄農民的普遍落後、愚昧的迷信思想，也藉由林父的演出比喻後善庄農民不配合加入嘉南大圳事業興建小路灌溉設施，無法運用水路實施三年輪作方法，凡遇乾旱季節，則僅能求助於迷信問卜，倘得到卜卦抽籤的結果如影片字幕卡所示：「此の分では、当分天気らしい」（這種天氣看樣子還會持續）的占卜結果，林父只能悻悻然地走出占卜處所，繼續更進一步的求助於「祈求下雨」的儀式。

（二）祈求下雨

片崗巖的調查指出台灣人對雨的觀念非常空泛，共舉例了二十一種迷信的觀念。〔註 74〕包括第十九例的舉行乞雨儀式：

> 由地方長老仕紳等倡導，眾人齋戒沐浴穿麻衣，在廟前露天設壇，並在壇上安置神明，然後燒香燒紙放爆竹，眾人行三跪九拜禮。拜畢扛神轎遊街莊，並用青竹葉沾水向四邊撒洒。這時眾人隨在後面行五步一跪三拜，十步一跪三拜，連唱「皇天降雨休萬民」。遊行完畢回廟，再安置神明在壇上，然後一齊再行三跪九拜做結束。〔註 75〕

此外，在乞雨儀式的神明遊行時，還會到池塘邊：

> 在神明遊行時，到池塘網魚，如果捕到泥鰍，不出三天會降雨。在乞雨儀式當中降雨時，眾人都以為誠心感動天，天憐憫眾人賜雨。
> 〔註 76〕

從片崗巖的研究發現參加乞雨儀式之信眾應是穿戴麻衣，根據台中市大甲區公所電子書《大甲老照片專輯二》〔註 77〕的解說，日治時期柴田一平〔註 78〕擔任街長時，亦曾祈雨一次，當時的水利組合長柳川，雖百般不願，仍需「穿

〔註 74〕 參閱片岡巖著，陳金田譯，《臺灣風俗誌》，（台北：眾文圖書，1987 年），頁 453～456。共舉例了二十一種迷信的觀念。

〔註 75〕 片岡巖著，陳金田譯，《臺灣風俗誌》，（台北：眾文圖書，1987 年），頁 454 ～455。

〔註 76〕 片岡巖著，陳金田譯，《臺灣風俗誌》，（台北：眾文圖書，1987 年），頁 455。

〔註 77〕 參閱台中市大甲區公所電子書，網址：http://163.29.86.72/index.html（2015 年 6 月 6 日最後瀏覽）。

〔註 78〕 柴田一平，1930～1937 年擔任大甲街街長。參閱《大甲鎮志》，（台中：大甲鎮公所，2007 年），頁 471。

麻衫、戴草箍」，與眾人祈雨。又如照片〈大甲水尾溪祈雨（一）〉〔註 79〕所示，信眾穿著麻衣，頭戴草箍之盛大祈雨儀式，場面相當驚人。

伊能嘉矩在《臺灣文化志》對於乾旱求雨信仰的盛行指出：

> 尤其是插秧季節時遇連續旱魃，因而秧苗有枯死之虞，則其有關地方各家之人全部沐浴齋戒，口絕葷酒，身纏蔴衣，頭戴樹葉，揮特書「祈求甘雨」或「皇天降雨休萬民」等文句之蔴布旗，奏鼓樂，詣神廟、佛寺，執行祭儀。〔註80〕

《臺灣文化志》詳細的考察台灣民間有關農作的耕籍典禮與祈雨的信仰，基於以農作為主的舊時農業社會型態，為求五穀豐收，而衍生出勸農與祈求降雨等儀式。甚至清代的官府也屢有在旱天舉行祈雨儀式，例如：嘉慶十六年夏四月，彰化縣逢大旱，知縣楊桂森曾有至縣城南門內龍神廟祈雨等官方的祈雨實例，亦有將求雨之應驗與善德之陽報相連結等史談。〔註 81〕在台灣傳統的農業社會裡，為求農作豐收而依賴祈雨儀式的庇祐，無論民間或官府自有其慣習遺風之承襲。

《幸福的農民》的祈雨儀式則顯得簡化許多，並無「穿麻衫、戴草箍」的情形，信眾在廟埕前設壇祭拜時穿戴一般服飾，以手舉簡單的「祈求甘雨」看板取代傳統的長幅蔴布旗，也可以在影片看到穿著西裝或地方仕紳的人員出現在祭拜求雨的場合，共同祈求甘雨降來，營造出為避免連日的乾旱影響農業生產。因此對於影片製作者而言，後善庄全體不分階級老少地投入迷信的祈雨儀式，暗示著凡不積極的投入現代化農業灌溉事業者，無論階級老少遇到乾旱也僅能求助於傳統民間的巫覡鬼神，任憑非科學根據的祈雨儀式所擺布亦無法獲得正確的解決方法，影片很明顯的將祈雨儀式歸類於迷信、落後的行為模式。

在《幸福的農民》的影片在祭壇前祭拜的影像，畫面中林父高挑的身形站在最前面（右方），臉上的笑容是所有人最明顯者，林父是該鏡頭場景中

〔註 79〕參閱台中市大甲區公所電子書，網址：http://163.29.86.72/book08/1-225.htm（2015 年 6 月 6 日最後瀏覽）。拍攝於 1950 年代，照片提供人：陳文德、林言義。

〔註80〕伊能嘉矩著，江慶林等譯，《臺灣文化志·中卷》，（台北：台灣書房，2011 年），頁 266。

〔註81〕參見〈官府之祈雨〉、〈以求雨靈驗為善德之陽報而資風教〉、〈企圖以唆使祈雨之民眾作滋事之媒者〉伊能嘉矩著，江慶林等譯，《臺灣文化志·中卷》，（台北：台灣書房，2011 年），頁 267～269。

最引人注意的焦點。再者，影片特別播放道士手拿竹條鞭打晴天娃娃〔註82〕
的影像紀錄，運用鞭打祈求晴天的布偶之行為，反過來期望能早降甘霖，如
此奇特殊的民俗影像紀錄，是相當稀有的。然而，道士鞭打晴天娃娃的下一
個畫面，仍然是由另一人在實施鞭打晴天娃娃的動作，惟鏡頭僅拍攝到鞭打
者的頭頂局部畫面，按其頭部形狀觀之，亦應為林父所為，林父本身在整部
影片的角色定位就是後善庄農民的寫照，代表後善庄農民不配合協力嘉南大
圳事業的不良後果，並連貫先前「降雨占卜」的劇情發展，交代林父因占卜
抽籤而獲知仍會久旱的籤詩的劇情，進而舉行祈雨儀式。而就晴天娃娃遭人
鞭打的動作而言，尤其在當時的保守時空環境下，推斷應該是屬於不吉利的
行為。至於傳統的日式晴天娃娃（てるてるぼうず）是一種懸掛在屋簷下祈
求放晴的布偶，頭朝上的正掛方式是為祈求放晴，頭朝下的反掛方式是為祈
求天降甘霖。〔註83〕《幸福的農民》的影片以直接鞭打晴天娃娃的強烈方式
來祈雨，刻意著墨於後善庄農民的迷信程度與塑造祈雨的強烈渴望之氣氛。
因道士具有感應神明及神通法術的本領，自應出現於該畫面無虞，然林父倘
身形全然出現在畫面裡，對於拍攝者或林父本人，甚至是觀看影片的觀眾而
言，都應該不妥適（不吉利）。況且仔細查究林父鞭打晴雨娃娃的畫面，寺
廟屋脊的形體佔了畫面很大的比例（超過三分之一），加上鏡頭僅擷取林父
鞭打晴雨娃娃局部的動作與頭頂影像，凸顯寺廟屋脊的存在符碼，是一種符
號學的概念──記號，類似結構主義語言學提出的記號的「直接意指」和「含
蓄意指」，前者指語詞或影像的直接意義，後者則指其聯想或含蓄的意義。〔註
84〕從林父鞭打晴雨娃娃的畫面（直接意指）的標記形式，其進一步指示的
意義是否為殖民者對於台灣民間信仰迷信所抱持的輕蔑或歧視的態度（含蓄
意指），甚至不細究分辨而逕予歸類為迷信之行為，是可以在畫面的編排裡

〔註82〕晴天娃娃（日語：てるてる坊主，意指晴天和尚），在中國古稱掃晴娘、掃天
　　　　婆、晴天和尚，主要流行於中國農村和日本等地，是一種懸掛在屋簷上祈求
　　　　晴天的布偶。中國的晴天娃娃常以剪紙或布頭的形式製作成娃娃形象，一手
　　　　拿帚，頭上剪成蓮花狀。參見維基百科，網址：https://zh.wikipedia.org/wiki/%
　　　　E6%99%B4%E5%A4%A9%E5%A8%83%E5%A8%83（2015 年 7 月 1 日最後
　　　　瀏覽）
〔註83〕參見日本維基百科網站，網址：https://ja.wikipedia.org/wiki/%E3%81%A6%E3%
　　　　82%8B%E3%81%A6%E3%82%8B%E5%9D%8A%E4%B8%BB（2015 年 7 月 5
　　　　日最後瀏覽）
〔註84〕李幼蒸，《當代西方電影美學思想》，（台北：時報文化，1991 年），頁 73。

找到些許的跡象，提供分析參考。

　　林父不但如前述的分析，不斷被影片強調其角色地位在祈雨儀式裡的重要性，甚至在池塘邊網魚的祈雨儀式裡，走在遊行隊伍最前端，也是站在池塘邊最前方的顯眼位置。《民俗台灣》記載：「**行列は喪服（麻衫を用ふ）を著た男が二人先導する。この二人は廟関係の幹部の者か雨乞ひ関係者の幹部の者があたり、しかも最老齡者が常である。**」〔註85〕（祈雨的行列是由穿著麻衫之喪服的兩位男性做為前導，大致是寺廟的幹部或是祈雨相關的幹部，而且通常是由最年長者擔任）。影片不採用台灣傳統的穿著麻衫的習俗，麻衫猶如喪事禮俗的孝服般，在視覺上太過於強烈，況且影片裡出現眾人穿著麻衫，容易讓觀眾附會成辦喪事，相當不吉利。另外，原本書寫於蔴布旗的「祈求甘雨」等祈雨道具，為避免令人聯想成送葬隊伍，影片中也改成由手持的小牌示。因此，相較於林阿仁在「祈求下雨」的影片段落裡，就演出而言既顯得不重要甚至是被刻意的忽略。從在廟埕前的祭壇前祭拜的影像，身形矮小的林阿仁在畫面裡的位置不容易被發現。若把鏡頭拉至更近的同樣在祭壇前祭拜的影像，處於畫面左方的林阿仁，其身形被鏡頭刻意的切開，造成無法辨識的臉部的特徵與表情，反而凸顯在畫面右邊林父開心的臉部笑容表情。祭拜完畢後，信徒跟隨扛神轎遊街庄時，畫面上林阿仁在人群裡的位置也不容易察覺。在池塘邊網魚的祈雨儀式裡，儘管畫面上同時出現簇擁著眾信徒觀禮、神轎、鼓吹隊、道士念咒施作法事與撒魚網網魚的信眾等，惟站在池塘邊的最前方，也是畫面視覺上最明顯處，即是林父與林阿仁之父子二人，雖然林阿仁與林父站在池塘邊的最前方，影片觀影者的視線，也自然地會落在林父其顯眼的畫面中之位置。

　　屬於後善庄一員的林阿仁可能基於林父的要求或心繫家鄉所致，必須出現在祈雨儀式的現場裡。然而，仔細觀察卻發現林阿仁出現在「祈求下雨」影片段落的場合，是屬於較為不重要的演出與位置，惟卻能客觀地觀察後善庄包括林父在內的農民其不理性的迷信作為，林阿仁之眼意謂等同於帝國之眼。從整部影片來觀察林阿仁的角色，彷彿是帝國在殖民地的代理人，林阿仁在祈雨儀式裡，以近似於旁觀者的視角在參與並觀看，再藉由影片後續的劇情發展，由林阿仁協助後善庄農民改善農作方法並指導小水路設施的正確

〔註85〕張建彬，〈雨乞の行事に就いて〉，《民俗台灣》，第三卷第七號，1943年7月5日發行，頁4。

維護方式等正面的推廣，終而影響後善庄農民的行為，依循嘉南大圳建設的目標，成為幸福農民的行列。

二、祈雨儀式的影片探討

「從文化發展史的立場而論，僅僅從理性或完美目標的標準來分辨宗教與迷信，很顯然缺乏歷史透視的觀點」〔註86〕，中國庶民的宗教特徵是「生活的宗教」，即是與其社會生活密切結合的宗教，若將在來宗教當作迷信而加以排斥，是欠缺對生活的宗教之認識。〔註87〕中國西漢的思想家董仲舒曾以「致雨」為例作解釋說道：「致雨非神也，而疑於神者，其理微妙也」〔註88〕，董仲舒認為能夠求雨得雨並非來自神靈的庇祐，看似是神靈的作為，實然則是「微妙」的「理」的作用。〔註89〕因此這種「理」的作用，是藉由重覆性的經驗法則在發揮作用，信徒聚眾從事祈雨的活動，得到渴望求雨的心靈寄託，超越了求雨本身的意義。從而，自古迄今被歸類於迷信之流的事物，除了被知識份子批評為迷信以外，也必須注意其撫慰人心的功能與寄託於未知神秘領域的集體崇拜現象。

茲以《台灣日日新報》記載三重埔久旱而設壇祈雨，提及庄民「精誠所格」的祈雨毅力，終求得甘霖為例：

> 然庄民已謂是精誠所格且議再行呼天已請矣獨是雨而可乞也雖執鞭
> 之士吾亦為之矣。〔註90〕

在高雄州屏東郡甚至農民在灌溉時，遇有炎熱無雨的天候，相互爭水仍須由水利監督員出面協調處置，經過水利部門的調解後，仍無改善旱象，則舉行祈雨儀式，是故，並非執迷於非祈雨不可，在共同協調分配水源後，窮盡人為的改善作為，才會舉行祈雨儀式：

> 到乏水，各庄部落，仍有爭水，幸有駐在水利監督員之調停，始得
> 無事。若再十日以上無水，稻田沽渴，斯時各部落或起大爭執，以
> 是農民，仰天亟望雲霓。〔註91〕

〔註86〕李亦園，《信仰與文化》，（台北：巨流，1981年），頁40。

〔註87〕福田增太郎著，黃有興譯，《臺灣宗教信仰》，（台北：東大圖書，2005年），頁63。

〔註88〕董仲舒，〈同類相動第五十七〉，《春秋繁露》卷第十三。

〔註89〕陳詠明，《儒學與中國傳統宗教》，（台北：台灣商務印書館，2004年），頁326。

〔註90〕參見《台灣日日新報》，明治35年（1902）11月3日，第13版。

〔註91〕參見《台灣日日新報》，大正10年（1926）8月15日，第4版。

由獅公（道士）作法事讀疏文的內容，可以一窺信眾對於降雨需求的集體意識，並凝結超越自然現象的意念，疏文的內容即反應了信眾對於期待降雨帶來豐收，遠離乾旱欠收的強烈渴望：

> 金闕巍巍和萬民而墾禱，有求必應。玉京蕩蕩降甘雨于凡間。叩乞即從。今據，某郡某庄暨眾等各項居住，奉道宣經叩許祈甘雨，迎祥集福。暨今眾人等即日同誠心拜上。〔註92〕

無論是中國或台灣自古以來一直皆保有祈雨儀式的民間傳統，在《幸福的農民》影片的祈雨儀式的段落裡，既保有台灣傳統的祈雨儀式之影像紀錄，又改編與簡化了民俗應有的禮俗，在宣傳嘉南大圳事業的前提下，刻意製造後善庄農民冥頑不固的迷信形象，也對於觀看殖民地不同的異族民俗保有高度的興趣，衡諸迷信與民俗二者的取捨，並考量宣傳為前提的劇情安排，由林父先行前往問卜求籤，再舉行祈雨儀式，始編排製作出祈雨儀式的影片段落。

　　傅欣奕的碩士論文透過查閱《民俗臺灣》、《臺灣日日新報》、《臺灣舊慣婚喪冠祭と年中行事》、《法院月報》等詳實的研究，指出日治時期總督府當局對全台各地的祈雨習俗多抱持被動不干涉的態度，除了宣導造林、興修水利設施等現代農田水利觀念之外，並未積極革新此等不良習俗，僅就妨礙公共安全與造林政策，認為有必要才著手進行相關風俗習慣的改良。〔註93〕事實上，從後藤新平民政長官的生物學統治原理作為統治基礎，展開舊慣調查等政策，並掌握台灣社會的風俗習慣，進而達到統治的目標，〔註94〕依循這種統治方針確實使殖民地的治理奠定一種典範，尤其社會的習慣或制度其來有自，不可強加改變，必須適應實際社會的情形。《幸福的農民》影片裡，雖指涉祈雨儀式是迷信且儀式本身對降雨的物理原理毫無關連性，但從影片拍攝的內容來考察，詳實的記錄了民間的祈雨儀式的禮俗情形，因此反映了殖民當局所抱持既不鼓勵也不禁止的溫存態度。

　　傅欣奕也指出《幸福的農民》影片的祈雨儀式段落，其內容編排，考量劇情因素，可能無法符合真實的歷史。〔註95〕而該影片的祈雨儀式段落，拍

〔註92〕 張建彬，〈雨乞の行事に就いて〉，《民俗台灣》，第三卷第七號，1943年7月5日發行，頁3。

〔註93〕 傅欣奕，《日治時期電影與社會教育》，（台北：台灣師範大學台灣史研究所碩士論文，2013年），頁98～99。

〔註94〕 參見台灣大百科全書網站，網址：http://nrch.culture.tw/twpedia.aspx?id=5519，2015年7月8日最後瀏覽。

〔註95〕 傅欣奕，《日治時期電影與社會教育》，（台北：台灣師範大學台灣史研究所碩

攝的目的是為凸顯後善庄未配合協力嘉南大圳事業，拒絕現代化的水利工程設施，導致農作物無法運用理性科學的方法協助收成，按傳統依存不可抗力的天候因素而導致農作物歉收，再按照傳統習俗僅得頑固地以迷信的祈雨儀式。這些不科學的傳統模式，當局為宣傳農民協力加入嘉南大圳事業，當然是最佳的反面宣傳素材。

此外，「創作者透過攝影機與被攝者進行互動，觀眾從影片中獲得線索，判斷出創作者與被攝者的關係（親密與否），推敲影片呈現之訊息的解讀方式，並且決定是否投射他們的感情在片中人物或創作者身上」〔註96〕。紀錄片不僅反映出鏡頭前的真實，同時也讓觀眾看到攝影機的位置與拍攝者的觀看方式。因此觀眾往往會將紀錄片中出現的影像放到真實世界的脈絡中進行評估與詮釋，也會依據影片的論點去檢視是否符合真實世界的合理性。亦即尼寇斯（Bill Nichols）指出紀錄片觀眾會採取修辭性參予的程序（procedures of rhetorical engagement）去評價或推測影片拍攝的目的。〔註97〕《幸福的農民》影片製作的目的是為了宣揚建設嘉南大圳的好處，讓農民甚至是其他本島人或內地人能夠理解殖民者的政策主張，而影片記錄了相當篇幅的台灣民間占卜及祈雨儀式的內容，這些演出的內容為滿足製作者的主觀想法與服膺宣傳的意旨，將之轉化成影像的成品。其拍攝前、拍攝過程、後製剪輯、審查、修正等流程，期間會有增加、刪除或修改的片段，直至觀眾觀賞的最後定稿之版本，畢竟與實際民間的風俗情形有所差異。其差異性在於實際曾參與過祈雨儀式的農民觀眾或不曾參與過該儀式的農民觀眾，觀影（祈雨儀式）的解讀會不一樣，惟對於影片以祈雨儀式的劇情內容（反面論述）來作為宣傳嘉南大圳建設的論點，因實際參與農作經驗者，應會有對於旱作經驗相當深刻體驗的回應觀點。其他非農民身分亦無農作經驗的本島人觀眾，尤其是在都市生活體驗現代性便利的知識份子，影片對於該儀式所揭櫫的迷信行為，會給予贊同的意見。至內地人而言，仍會是以帝國中心的視點來觀看帝國版圖內的異族風俗，甚至會因影片製作的刻意修正儀式的內容，反而符合內地人對異族（他者）想像的品味，更容易認同或介入影片的紀錄觀點。

士論文，2013年），頁98～99。

〔註96〕李道明，《紀錄片：歷史、美學、製作、倫理》（臺北：三民書局，2013年），頁128。

〔註97〕李道明，《紀錄片：歷史、美學、製作、倫理》（臺北：三民書局，2013年），頁182～183。

在干預的凝視中，是由疏離的凝視轉為參與的觀察，因此攝影機捨棄了保持距離的立場，從所拍攝的影片中，可以明顯地察覺到攝影機後面的那位創作者。干預的凝視，將拍攝的重點從「創作者遠離他者的位置」移向「創作者、被攝者以及外在環境間的關係」。〔註98〕進一步的說，當《幸福的農民》影片的拍攝者過分的介入攝影機與被拍攝者的距離，譬如影片中祈雨的遊行行列行進到池塘邊，鏡頭前，有一位男性在現場調度指揮，指示道士何時進場，現場所有的演員都彷彿聽他的指揮般，望向後方道士進場的方向。〔註99〕俟道士奉指示進場後，鏡頭前，由兩位男性攙扶道士並指示道士跪拜與起身的時間點。再進一步的探討，影片的祈雨儀式為何演員們不按傳統禮俗穿著麻衫？是拍攝者要求？爾或是被拍攝者面對拍攝者紀錄影像這件事，所回應的複雜心理因素，甚至最終轉化為一種抵抗策略？麻衫與喪服的外在形式符碼太過於接近，蔴布旗則令人聯想到出葬行列，因而改用手持的牌示「祈求甘雨」。林父鞭打晴雨娃娃的影像部分，畫面上，鏡頭僅擷取林父的局部鞭打晴天娃娃的動作，而也僅擷取林父頭頂的影像，讓觀影者一時無法辨識林父的外觀形象，這是否也是出自於林父對於入鏡的抗拒。演員在祈雨儀式的演出表現，除了上述的分析以外，是否拍攝者與被拍攝者存在有其他的矛盾狀態，透過混雜或挪用仿製，那又是進入另一範疇的後殖民理論之探討議題。

> 如果他者可以被教化、正常化、文明化，其所謂的低下性就不是一種內在的本質特性，而不過是文化的建構，另外就被殖民者對殖民者的反抗必須以殖民者語言早已預設好的身分，即殖民者的他者來表現，這是霍米巴巴「混雜性」概念的一種表徵。〔註100〕

第三節　祭祀信仰

　　許俊雅認為台灣人對於民間祭祀的信仰態度：

> 台灣民間祭祀之神，其所以能普獲廣大之信徒信奉，誠由於早期台灣的社會經濟景觀之現實背景，反映出早期民間生活之艱困與困

〔註98〕李道明，《紀錄片：歷史、美學、製作、倫理》（臺北：三民書局，2013年），頁214～215。

〔註99〕類似的影像畫面，在《幸福的農民》影片中珍貴的結婚迎親影像「阿仁與阿花結婚」（阿仁と阿花の結婚）（影片約 24'43"處），當花轎進入林府於停轎前，亦有一位男性出現在鏡頭前調度指揮現場。

〔註100〕生安鋒著，《霍米巴巴》，（台北：生智文化，2005年12月），頁145。

　　難，祈求藉乎超人力的神來安撫身心，引導精神使不再空虛，他們

　　虔誠而隆重的禮神，誠然有不得不然的現實困境。〔註101〕

又日治時期初期在後藤新平推展生物學的殖民政策，根據生物學的原則下對於舊有慣習，大規模持續的著手進行舊慣調查，留下許多資料提供日後殖民地經營方針的重要參考，同時採取放任殖民地舊慣自然發展而不干涉的態度，宗教政策也是。

一、祭祀信仰的影片分析

　　《幸福的農民》影片在「慶豐年」（豐年祝ひ）（26'36" ／ 82 秒）的段落，有極為珍貴的廟埕祭拜情形與戲劇演出的影像紀錄，其中分為兩個部分：「廟埕前的祭拜情形」（26'36" ／ 21 秒）與「傳統戲劇演出情形」（26'57" ／ 61 秒）。其中後者於本書的前一節探討，爰前者有關「廟埕前的祭拜情形」擬於本節分析探討之。

　　影片中「廟埕前的祭拜情形」（26'36" ／ 21 秒），是為了保祐林阿仁這對新婚夫婦平安，這場祭拜的鏡頭裡，只有林阿仁穿著西裝，而且祭拜的順序，先由穿著官服的長官祭拜，依序再由林父，接著是林阿仁新婚夫婦，最後才是親友們祭拜。從而如此的階級順序，合乎當時一般人認知的禮節。但是，影片裡仍藉以宣傳，強調林阿仁接受到嘉南大圳事業成功推展的恩澤，如今才得以穿著體面的西裝偕同妻子一起到廟埕前祈福。在影片中祭拜的場合裡，尤其是週遭觀看新娘新郎的民眾們，乃至於廟埕前祭拜或看熱鬧的民眾們，都是一身傳統農民的衣著裝扮，甚至林父也未穿著西裝，而林阿仁的西式穿著，顯得獨特。再者，由於影片是黑白片的關係，林阿仁的西服無法確知是否為白色，惟研判應是偏向淺色系，而無論是影片中先後祭拜的長官乃至於林父、親友以及週遭圍觀的民眾，服裝都偏向深色系為主。黑白色調的影片在人物的視覺上，因為林阿仁在本段祭拜的影片裡呈現出「白色」的穿著外觀，對比其他人的「黑色」穿著外觀，視覺上產生強烈的對比。

　　影片拍攝者或許只是為凸顯林阿仁的影像，而基於單純的構圖因素使然。但是在當時巡迴放映宣傳的場合，尤其是一般農民觀影者，鮮少接觸電影播放的經驗，觀影者透過如此強烈的黑白色彩不同的服裝外觀，亦即，林阿仁「白色」的穿著外觀，視覺上顯得極為突出。本書前一章第一節於論述

〔註101〕許俊雅，《日治時期臺灣小說研究》，（台北：文史哲出版，1995 年），頁 381。

「直順國語夜學會」上課情形（15'23"／25秒），論及鏡頭帶到的共學同儕，均顯得目光呆滯，而林阿仁的表情卻表現地積極向學。另外，從這段影片也可以觀察到林阿仁在夜學上課時的服裝打扮對照其他共學同儕，服裝確實比較整齊，像是經過梳理後再去上課，而非其他共學同儕好像忙完農事就直接趕往上課，似乎還是農事作業的穿著與裝扮。

以上，無論林阿仁在廟埕前的祭拜或是夜學裡上課，似乎都被影片刻意的安排，凸顯了林阿仁與廟埕前的圍觀民眾不同，在夜學上課也刻意地展現與共學同儕有所區隔。林阿仁的表現，透過強而有力的電影影像放映宣傳，觀影者被迫接受林阿仁這個角色的想像，提供了一般農民只要協力加入嘉南大圳事業，即可以如同林阿仁般的風光體面。甚至受惠於現代化的水利設施，體驗了科學理性的水利方法，更有效率的幫助農業收成，「現代性」改變了舊有傳統不合時宜的觀念，獲得啓蒙後，連在夜學上課也比其他共學同儕更顯得積極向學。

二、《南進台灣》的祭祀信仰之比較

根據《南進台灣》紀錄影片的紙本准演執照，其記載的總督府的檢閱日期爲昭和 16 年（1941）10 月 16 日，但實際拍攝時間約在昭和 11 至 14 年（1936～1939）之間。〔註102〕彼時台灣總督小林躋造於昭和 14 年（1939）極力推行「工業化、皇民化、南進基地化」爲統治台灣的政策目標。而又因局勢趨於緊張必須徹底實施「皇民化運動」，以提供更忠於殖民地母國的殖民地子民（皇國臣民）爲其戰爭動員做好準備。製作國策紀錄片《南進台灣》正可透過其電影語言的直觀式影響力，展示以台灣作爲南進國策前線基地之宣傳目的下，另賦予殖民者意圖形塑之理想「皇民」典範，唯有以教化成功的「皇民」才能積極並有效率的支撐南進的國策。

《南進台灣》影片第 5 卷拍攝「高雄港祭典」（高雄港まつり）（47'03"／127秒），共可分成三個部分：首先是介紹「內地人傳統的祭祀儀式」（47'03"／32秒），使用日本傳統音樂做爲配樂，畫面有職司祭祀的祭司引導著祭典的進行，還有穿著官服的官員步上祭壇前祭拜。第二個部分，鏡頭接著是「內地人傳統的神轎遊街」（47'35"／12 秒），與前面祭典一樣充滿莊嚴肅穆的氛

〔註102〕謝侑恩，〈影像與國族建構：以國立台灣歷史博物館館藏日據時代影片《南進台灣》爲例〉（碩士論文，台南藝術大學音像藝術管理研究所，2007），頁 81。

圍；當鏡頭轉至「本島人的神轎陣頭遊街」（47'47" / 83 秒），配樂變成熱鬧的、歡樂的節慶音樂，或許是刻意運用這種比較輕鬆不嚴肅的配樂聆聽感覺，與內地人祭典儀式使用的莊重祭典音樂對比，本島人的遊行在配樂的聽覺上較像經過刻意安排成嬉戲般的感覺，不若內地人祭典儀式般營造成正式場合的想像；而在內地人的視角下，本島人的遊行內容充滿異國風情的奇特想像，各種本島特有的迎神遊行情節，不斷加深內地觀賞者對於殖民地地方文化的好奇。從本島人的神轎陣頭遊街的畫面長達 83 秒，以及攝影機積極地取材各種不同民俗陣頭的演出，再對照內地人傳統的神轎遊街的畫面擷取簡單的遊街情形僅 12 秒，更可觀察到《南進台灣》影片對於殖民地的宗教活動的新鮮感。

　　《幸福的農民》影片的「廟埕前的祭拜情形」雖僅有 21 秒的播放時間，而較《南進台灣》影片的「內地人傳統的祭祀儀式」的 32 秒長度為短。仔細觀察比較可以發現，「內地人傳統的祭祀儀式」的拍攝是按祭祀儀式的進行，在充滿莊嚴肅穆的崇敬氣氛進行下，進行影像的場景轉換與鏡頭之間的銜接，從畫面一開始呈現祭祀入口處的鳥居形象→祭祀神器的展示→神樂演奏的樂師群之演奏情形→祭司的祭祀情形→神轎一隅的影像剪影（第一次）→文武官員輪番祭祀情形→神轎一隅的影像剪影（第二次）。其中出現兩次的神轎影像，就是出現在緊接著的影像段落「內地人傳統的神轎遊街」畫面裡的同一頂神轎。相對於《南進台灣》影片循序漸進的展示日本神道教的儀式之美；《幸福的農民》影片所展示的台灣農村傳統的祭祀情形，就影片拍攝而言，無論場景、人員的演出或鏡頭的編排就顯得簡單許多，攝影機的鏡頭固定後，就不再移動鏡頭，人物再按身份、輩分依序入鏡祭拜，而且畫面上讓許多旁觀的民眾入鏡，並不限制旁觀者在鏡頭前的表現，這樣的畫面編排方式確實干擾了觀影者的視覺；反而《南進台灣》影片「內地人傳統的祭祀儀式」的分鏡與畫面的編排經過精心設計，就顯得繁複與強調隆重的儀式之美。可以從這個影片段落開頭出現的祭祀場所入口處的鳥居影像，透過畫面前方的鳥居來觀看鳥居內部前往祭拜的虔誠信徒，個個恭敬地行禮，此即宣告了日本帝國的神道教在殖民地台灣崇高的神聖性，而影片中出現兩次的神轎影像，重覆提醒神轎的宗教象徵意義，並且運用特寫的鏡頭收錄裝飾華麗的神轎姿態，再將神轎的畫面移至遊行的隊伍中，再次提醒神道信仰的儀式性過程。

　　可是從另一種層面來分析，《南進台灣》影片「內地人傳統的祭祀儀式」

是日本人所熟悉固有的神道教信仰，甚至在 1889 年公布的《大日本帝國憲法》〔註 103〕所揭櫫的第一條條文：「大日本帝國ハ萬世一系ノ天皇之ヲ統治ス」，確立了天皇的國家統治與萬世一系的國家神道教的最高權威，因此在普遍的日本國民認知下，崇尚神道信仰的行為，亦是效忠天皇的忠君愛國精神之表現，職是之故，將之影像化的「內地人傳統的祭祀儀式」段落，當然必須以嚴謹考究來拍攝製作，企圖能讓觀眾感受到不可輕忽怠慢的神聖氣氛。相反的，《幸福的農民》影片的「廟埕前的祭拜情形」，以固定不移動的鏡頭來呈現畫面，不論演員們進場祭拜的表演是否經過導演的安排，至少在形式上是運用以客觀不介入的手法來記錄事實，這樣的拍攝方式可以導出拍攝者的兩種不同的態度：其一是對於不熟悉的台灣民俗祭祀內容，拍攝者採取不干涉的態度任由演員們去演出，俾符合接近真實的民間祭祀情形；其二是形式上採取記錄真實的觀點，盡量以固定鏡頭方式呈現拍攝者忠實記錄事實的態度，實然拍攝者並非不理解台灣民間習俗。惟依影片拍攝的年代來觀察，殖民地各項慣習調查並非匱乏，台灣教育會拍攝影片已具備相當經驗，應屬於後者所述的形式上的拍攝手法，並非不理解民間習俗才是。

另外，影片中本島人的神轎陣頭遊街部份，與前面畫面的內地人傳統的神轎遊街比較，似乎本島人的遊行部份刻意營造成很有秩序的行進，參與遊行的人都穿著整齊，無論各種民俗陣頭其人員動作都整齊劃一具有一致性，從另一個角度來說，可說是以內地人傳統的神轎遊街形式來演繹本島人的民俗藝陣迎神遊街，也是一種「皇民」形象的文化操作，觸角伸及本島人原本信仰的敬神活動。這種由殖民者以外力強加的改寫，企圖藉由影片的呈現「來達到全面性的說服（包括內地人與本島人）、攏絡與馴服，將他者重新複製為臣民，使其發揮對帝國與統治階級的效用（utility）」〔註 104〕，即是一種運用「支配」（domination）的權力將殖民地的異族文化納入帝國的主體內，收編成為帝國的文化版圖的一份子。

〔註 103〕 《大日本帝國憲法》是日本近代引進西方君主立憲政體而制定的首部憲法，公布於 1889 年（明治 22 年）2 月 11 日，並於 1890 年（明治 23 年）11 月 29 日施行。該部憲法又稱為「明治憲法」或「帝國憲法」。相對於現行日本國憲法，則被稱為「舊憲法」。參閱維基百科網址：https://zh.wikipedia.org/wiki/%E5%A4%A7%E6%97%A5%E6%9C%AC%E5%B8%9D%E5%9C%8B%E6%86%B2%E6%B3%95（最後瀏覽日期 2015 年 8 月 5 日）。

〔註 104〕 廖炳惠，《關鍵詞 200：文學與批評研究的通用辭彙編》，（台北：麥田出版，2003 年），頁 88～89。

　　同樣是作爲宣傳功能的紀錄片，相較之下，《幸福的農民》影片對於祭祀影像的處理就顯得簡單，並未拍攝台灣傳統的民間信仰繞境遊行的紀錄，「慶豐年」的影片段落雖收錄「廟埕前的祭拜情形」（26'36"／21秒）與「傳統戲劇演出情形」（26'57"／61秒），共兩段影片，著重於祭拜與民間戲劇的紀錄。《幸福的農民》爲配合事先設定的後善庄與直順庄兩種不同敘事路線的劇情，也必須考量演員的演出所呈現的效果之限制，是不同於《南進台灣》的純粹由旁白引導影像進行的紀錄片形式。而《南進台灣》這部日治時期紀錄片將南進論的國策宣傳予以落實，並將台灣皇民化、工業化與南進基地化的成果，採用有別於劇情電影方式，以非劇情的紀錄片修辭，營造具有眞實記錄價值的客觀情境之製作意圖，博物館式的收錄殖民地經營的各種面向的成果。《幸福的農民》影片則以推廣嘉南大圳事業爲宣傳目的之單純的社會教育功能，尤其「慶豐年」的影片段落是接續後善庄農民加入小水路設施與實施三年輪作獲得豐收的劇情安排，以祭拜方式尋求信仰的寄託及農民祭拜後酬神的戲劇演出紀錄，合理的符合劇情的邏輯，也滿足殖民者對於傳統戲劇的高度關注興趣（長達61秒的「傳統戲劇演出情形」影像紀錄）。

　　此外，《幸福的農民》影片在基於勸導農民加入小水路設施打破固有迷信，刻意安排反諷後善庄民的「祈雨儀式」影片段落之劇情；倘若於「慶豐年」的影片段落再加入繞境遊行的影像拍攝，亦有不符影片宣傳推廣嘉南大圳事業的拍攝宗旨，況且從《南進台灣》所記錄的「本島人的神轎陣頭遊街」的內容而言，影像裡各種神明、陣頭之多元龐雜，這樣的畫面會令人聯想產生迷信的蠱惑意識，不適合放入《幸福的農民》影片內。而本書前一節對於後善庄民的「祈雨儀式」影片段落，曾討論有關攝影機干預的凝視，影片裡「乞求下雨」的影像與民間實際的傳統儀式有差異性，這樣的情形在《南進台灣》的「本島人的神轎陣頭遊街」影片段落也有類似的現象，殖民者對於攝影機拍攝時的干涉態度，兩部紀錄片都可以發現如此的意圖。

　　《南進台灣》影片中許多特寫的人物場景中以女性的形象來呈現，且女性的形象所取捨的特寫鏡頭多屬穿著美麗合身的旗袍，並表現出婀娜多姿的體態；同樣是人物的特寫鏡頭，男性的形象所呈現的唯一台灣人男性特寫鏡頭，[註105]是穿著官服的原住民男性，旁白敘述：「蕃人と呼ぶと彼等の中には色を成って、我等も日本人だ、蕃人と呼ぶのを止めて下さいと訂正を申

―――――――――――――――――――――――――――――――――――――

〔註105〕《南進台灣》第7卷影片，影片進行約3分22秒～3分26秒間。

込む自覚ぶりであります」（無意中稱他們爲「蕃人」，他們會變臉說：「我們也是日本人，請不要稱我們爲『蕃人』」），在此的男性形象，尤其特別運用以原住民角色來形塑毫無疑問唯「皇民化」認同一途，並賦予角色無法回頭的全然否定自身過去的認同，修辭過去的「蕃人」身分是不合時宜的。另外，有關日本人形象的特寫鏡頭，乃是政府官員或南進相關產業的負責人，而各州知事（廳長）一律穿著正式官服且出現官銜字幕並呈現姓名。相較之下，運用特寫鏡頭的女性形象來呈現，隱喻是否以女性柔化的角色作爲殖民地的象徵想像，甚至協助殖民者完成其皇民認同的教化宣傳，值得探索。

　　昭和 15 年（1940）總督府爲了配合戰爭全民總動員的需求，希望國民管制的後方能貫徹新體制，遂於 9 月 21 日對各州廳發出公告，要一掃奢侈享樂的風氣，因此各州廳頒布了許多禁止條令。其中有禁止藝、娼妓穿著挑逗性的上海式服裝，〔註 106〕而上海式服裝就是指當時具有挑逗性意味的上海式旗袍，旗袍當時在中國成爲國內都市上中層女性普遍穿著的時裝，反映了中國傳統女性美，成爲體現中國元素的傳統女性服飾主流。〔註 107〕影片中刻意以女性穿著旗袍穿梭於台北市街上或選定的觀光景點前，如選美般以唯美的個人特寫於鏡頭前展示著，陳宗仁對於《南進台灣》曾指出，當時的「旗袍」並不等同是中國的象徵，它是一種「傳統的發明」，曾在 1920 至 30 年代流行於上海的時尚品味，穿著旗袍會讓民眾產生前衛、時髦的印象。〔註 108〕是故，影片以穿著旗袍形象的女性強調女性柔化的特質，尤其旗袍在前述爲貫徹戰時新體制甚至禁止藝、娼妓穿著，或許《南進台灣》拍攝時期尚未禁止，影片是否以女性柔化、順從的角色代表「殖民地台灣」的整體總象徵，甚至以此爲皇民「順民」的隱喻，這種以性別符碼來跨越殖民論述、身分認同與紀錄片美學之間，延伸了更多對於《南進台灣》的解讀空間。

　　1919 年就任的第八任總督田健治郎，開啓了內地延長主義的治台方針，也就是同化政策的逐步實施與改革，荊子馨認爲「同化在強調文化統合時，

〔註106〕竹中信子著、熊凱弟譯，《日治台灣生活史：日本女人在台灣（昭和篇 1926～1945）下》（台北：時報文化出版，2009），頁 203。

〔註107〕參閱「維基百科」網站 http://zh.wikipedia.org/wiki/%E6%97%97%E8%A2%8D（最後瀏覽日期 2011/6/20）。

〔註108〕「日本戰爭期國策電影『南進台灣』：觀看與討論會」，主持人：周婉窈教授，地點：台大歷史系會議室，2008/12/26。陳宗仁於該會議內發言，翁稷安整理。

也掩蓋了殖民者與被殖民者之間在社會上與政治上的不平等」〔註109〕。《幸福的農民》影片的製作與放映時間雖然還未進入戰爭的動員時期與皇民化階段，對於農村的生活與傳統慣習在影片中盡量予以保留其影像紀錄，惟亦透露了些許的同化的殖民意識形態與與殖民的認同形塑。從直順庄與後善庄這兩種截然不同對照的農村耕作與生活模式，前者即是被形塑成爲認同的典範，殖民者眼中的理想農村就是配合嘉南大圳事業的現代化農村。影片開頭不久，鏡頭帶到嘉南大圳工程現場的實況，現代化的灌溉工程興建過程展示於宣傳影片裡，代表著殖民政策引進現代化設施增進殖民地生產的效能，嘉惠於殖民地的政策也可以作爲一種同化政策的宣傳。至於「夜裡練習國語」的影片段落，更是同化教育的實踐與通往現代性體驗的必要條件。而「表揚林阿仁」的影片段落，彷彿是場克盡忠君愛國的同化指導集會。「乞求下雨」的影片段落，是杜絕迷信的負面示範，藉此勸導農民相信理性、科學的嘉南大圳帶來的灌溉水利的好處，透過本書前一節相關的探討，從林父的角色演出、劇情安排以及拍攝者的主觀意志之介入等研究，發現拍攝者所強調的否定祈雨儀式的影像敘事，爲灌輸農民揚棄固有傳統的迷信之集體記憶，接受現代化灌溉建設之新思維，這也是一種同化的手段。

《幸福的農民》影片是以林阿仁爲角色中心，觀眾透過直接的影片敘事來理解影片提供的訊息與核心的意涵。影片按故事劇情的鋪陳進行，圍繞在林阿仁角色發展的周邊演員都以本島台灣人爲主，尤其是默片的形式，演員的演出表現對於電影整體的播放效果或觀眾的評價，相對於有聲片而言更顯重要。《幸福的農民》這樣的紀錄片影像形式與《南進台灣》畫面內的人物表現是不同的，《南進台灣》沒有故事劇情提供影片內的人物表演。就聲音方面，貫穿整部影片的詳實解說之旁白與精彩的配樂（包括西方音樂與日本傳統的邦樂）提供整部影片相當優異的聲光效果，一定程度會刺激觀影者的感官與正面的提升聆賞投入的專注度。另一方面，幾乎《南進台灣》影片裡的人物特寫鏡頭都是日本人，甚至從總督到各州廳知事長官都是以近像的特寫鏡頭拍攝，爲宣揚治理政績的意圖相當明顯，而《幸福的農民》影片反而人物的特寫鏡頭由台灣人擔綱演出爲主，尤其是林阿仁與林父。

以國策宣傳目的拍攝的《南進台灣》影片，前述的官員特寫畫面，在鏡

〔註109〕荊子馨著，鄭力軒譯，《成爲日本人：殖民地台灣與認同政治》，（台北：麥田出版，2006年），頁150。

頭前表現地相當親切。然而以嘉南大圳建設的社會教育宣傳目的拍攝的《幸福的農民》影片，出現日本人的場合，都是以官員的姿態出現，畫面上呈現了權威與階級的距離感，從影片開頭日本人講師講解「目前嘉南大圳工事的現況」、「夜裡練習國語」影片段落的日本人教師、「表揚林阿仁」影片段落裡會場的日本人眾官員、「結婚宴客」影片段落裡起身敬酒的日本官員等觀察到細微的演出表現，是與《南進台灣》影片有所不同的。當然，就影片製作拍攝的策略而言，兩部影片各自的盤算不同，例如：戰時體制的動員因素、皇民化政策、拍攝對象（農民？全島島民？）、宣導的對象（農民？全島島民？）宣導目的是否具體明確等因素，在製作拍攝的方式也會隨之調整而有差異性。

有關《幸福的農民》影片中的女性角色之研究，在本書第三章有深入的探討，在整部《幸福的農民》影片呈現較清楚的女性角色演出非常少，經查只有五個鏡頭稍有女性角色表現空間的畫面，不過仍依附在以林阿仁為主角的畫面內而配合演出，相當不顯眼，甚至很難讓人注意到女性角色的存在。這五個鏡頭包括：在張清榮宅第門口目送林阿仁前往夜學的女性、新娘走出花轎後一起與林阿仁步入廳堂、新人團體合照的場面、宴客會場內由林父帶領下新人入場、林父、林阿仁及媳婦等三人出現在結尾的鏡頭前。這些女性的鏡頭在影片裡幾乎沒有影響力，只是配合以林阿仁角色為劇情主軸發展而需要才出現，是家庭成員的概念，按劇情而言，極可能連目送林阿仁前往夜學的女性就是與林阿仁結婚的同一位女性。如果整部影片少了前述女性的角色，會變成過於陽剛缺少實際社會活動當中的性別的調和情形，也不符合一般劇情片由兩性構成的故事線題材。也就是說《幸福的農民》整部影片並不特別考量女性角色的定位，模糊的女性角色印象只是提供影片劇情符合邏輯的元素而已，但是在「夜裡練習國語」的影片段落裡，影片卻透露出女性渴望接受國語教育的意識存在（如本書第三章第二節探討），獨獨在受教育這個議題，被製作拍攝者注意到而以暗示含蓄的方式安排於影片內。這在整部影片是以宣傳嘉南大圳事業為前提下，幾乎沒有女性角色安排的影片空間，為了國語教育的普及推廣，巧妙的在影片中強調並關注殖民地女性也必須接受現代化的思維，對比《南進台灣》的影片以殖民地台灣作為女性般的柔性象徵，從日治時期殖民者官方思考所拍攝的紀錄片，在全然男性宰制的影像霸權裡，觀察出其對於女性象徵在影片中的微妙操作細節。

第四節 小 結

「戲劇是與那個時代的社會、文化結合在一起的，因此它無法從特定的文化基礎上孤立或游離出來」〔註110〕，沙賽（Francisque Sarcey）提出：「無觀眾，無戲劇」（no audience, no play）的說法，戲劇的內容形式必須符合同一時代觀眾的文化基礎，成功的戲劇往往是戲劇的演出與觀眾的期待二者達成共識的情形下產生，在探討《幸福的農民》紀錄片的戲劇（play）成分，應注意那個時代觀眾的文化基礎為何？殖民統治帶來哪些外來因素、殖民地本身的傳統文化產生哪些抗拒或因應的調整。

另一種比喻，「紀錄片創作者與觀眾間存在著一紙契約（contract），觀眾透過直接（影片敘事）或間接（影片發展邏輯、片名、影片文宣中的文字等）被告知的方式，理解影片發展的方向與暗示的終點」〔註111〕，因此針對《幸福的農民》影片的劇情設計，考量了當時觀眾的文化基礎與影片訊息的接受程度，尤其著重於推廣嘉南大圳事業的農民觀眾，所安排的林阿仁與林父為主的劇情主軸，區分直順庄與後善庄兩條對立的敘事路線，營造淺顯易懂的故事脈絡，特別是最後的影片段落「慶豐年」展示了豐富的民間戲劇演出實況。對於農民觀眾而言，毋寧電影放映這種新媒材的體驗，在當時是相當新奇的視覺經驗，而影片的內容在短暫的28分7秒的放映時間，呈現出無法想像的豐富素材，尤其是在現實生活中農暇之餘觀賞傳統戲劇的經驗，能夠首次目睹在電影媒材上呈現，其心理衝擊不可謂不大。預先抓住了觀眾的期待反應，安排篇幅（時間）較長的傳統戲劇演出之紀錄畫面，企圖製造觀眾的共鳴，達到強化影片的宣傳功能。至於《南進台灣》，島內台灣人對於影片這樣安排的「認同」操作機制，或許亦不會加以排斥，甚至影片所記錄下的各種南進政策成果，對於能眼見為憑並恭逢其時的島內台灣人而言，反而更加深其「認同」的教化效果，超出當初文化操作的預期設定。

〔註110〕姚一葦，《戲劇原理》，（台北：書林出版，2008年二版四刷），頁128。
〔註111〕引自 Michael Rabiger 所言，參閱李道明，《紀錄片：歷史、美學、製作、倫理》（臺北：三民書局，2013年），頁132。

第五章　結　論

　　Paula Robinowitz 認為「記錄片所運用的政治學的再現，其實也是再現的政治學，檢視的客體會變成行動的主體」〔註1〕，無論是誰在看誰，日治時期的台灣在歷經殖民統治，尤其是「殖民主義特別強調種族（race）的區分，也就是殖民主對被殖民者（colonized），形成一種主奴之間的關係」〔註2〕，造成殖民體制所衍生的相當不對等或非理性的權力關係支配下，為統治目的而製作的紀錄片，影像所記錄的客體與內容，經過時間的推移與歷史的演變，再來考察則往往會發現這些操之在殖民者的紀錄觀點所拍攝的對象，反而變成歷史事件的主體，而且本身即是一種歷史論述的主體，提供許多可供研究的議題與素材。由官方色彩濃厚的台灣教育會拍攝製作的《幸福的農民》影片，即是一例。

　　《幸福的農民》是一部僅 28 分 7 秒長度的影片，播放時間不長而且又是黑白色別的無聲默片，當時影片的催生是為推廣嘉南大圳事業之目的而製作，台灣教育會本身也透過電影的放映，甚至是自行拍攝製作電影後再公開放映，俾遂行其殖民地教化任務的宗旨，是故《幸福的農民》這部影片是以嘉南大圳的興建過程與期望農民能在完工後協力配合後續的各種措施（包括加入實行小組合、三年輪作耕種方法、灌溉水圳的管理等）為整部影片的宣傳重點。本書的主要撰述，並非從宣傳嘉南大圳事業的顯著課題來著手進行研究，亦非再深入研究有關嘉南大圳興建對農民的影響等議題，譬如探討農

〔註1〕 Rabinowitz, Paula 著，游惠貞譯，《誰在詮釋誰：記錄片的政治學》（台北：遠流，2000 年），頁 306。

〔註2〕 廖炳惠，《關鍵詞 200：文學與批評的通用辭彙編》，（台北：麥田出版，2003 年），頁 47。

民運動、拒納水租等具有豐富的前人先行研究成果之議題予以再深化研究；至於本書的撰寫策略乃是從該部影片的農村生活影像紀錄來作為研究對象，在《幸福的農民》影片中直順庄與後善庄的農民所呈現的農村生活之影像，係為支撐宣傳嘉南大圳事業的核心主軸思想而予以劇情化，成為整部影片主要部分的構成之一。亦即，倘若殖民者欲宣傳嘉南大圳事業的課題是以小說文本的形式來呈現，在文字的敘事模式裡，直順庄與後善庄的農民所呈現的農村生活敘事，則敘事本身作為研究的對象，就會顯得相當的狹隘與限制。那麼為何本書以紀錄片影像文本做為研究對象，卻發展出許多面向的探討可能性呢？

首先必須注意到電影影像的風格問題，「電影不僅具有特殊的表現力和想像力，更具有根本的隱喻能力，因此巴索里尼認為電影基本上是一種詩的語言」〔註3〕，巴索里尼的「詩的電影」概念，認為電影影像的視聽語言能夠呈現宛如詩般的語言。仔細觀看《幸福的農民》影片紀錄的農村風景、農民耕作過程的實況、夜學的國語學習、農民風俗、結婚儀式、戲劇劇場、民俗宗教儀式等豐富的農村生活展演，宛如身臨實境般的影像媒材特色，乘載了許多視覺感官接收的具體而非抽象的動態細節。而緩慢的影像節奏與無聲的默片語境，隱然構成了一股強大的影像魅力，並非當初台灣教育會製作《幸福的農民》影片時有意識地刻意予以形塑，殖民者也不認為日本帝國有朝一日可能全面戰敗而潰敗至僅維繫國體於現今日本列島之一隅，因此歷史進程的變化，有時也會使得影像文本獲得不同的解讀與評價。

此外，日治時期影像史料的出土或再發現，往往能重新改寫文字的史料，紀錄片史料這種影像媒材只要經復原重現當時的播放內容，影像將毫無保留且忠實地呈現當初完成時的文本形式，對於觀影者而言透過視覺所見彷彿是歷史現場的重建。再者，彼時影像史料比起文字的史料更是比例懸殊的稀有性，因此日治時期影像史料的陸續出土或再發現，總是會引起新的關注，考察其如何彌補既有的文字史料之不足而相輔相成地更加深化歷史論述的強度，或甚至是重新改寫文字的史料。就像2008年修復完成而公開發行的《南進台灣》影片提供了許多日治時期史料研究的脈絡與解讀史料的全新視野，其重要性不可言喻。

〔註3〕齊隆壬，《電影符號學：從古典到數位時代》，（台北：書林出版，2013年），頁192。

　　本書含緒論與結論共有五章，第二章回顧《幸福的農民》影片的相關背景，研究發現明治、大正的台灣電影發展，尤其是紀錄片的拍攝或放映事業，是由官方所主導控制的，因此台灣教育會製作與放映的宣傳電影，擔任總督府在殖民地宣傳教化的重要協力者的地位。此外本書提出 1927 年放映的《幸福的農民》影片，正處於「美台團」活耀的時期裡，純粹由台灣人主導的台灣文化協會或美台團的電影放映活動，是否農民觀眾在面對這兩種不同意識形態思維主導下的影片放映，有著不不同的反應，值得進一步再探索。至於，大正文化基礎的大眾文化特徵，電影作為大眾能消費的文化選項之一，而通過殖民統治積極的直接引介，並且設置比殖民母國內地更嚴格的檢閱統制之制度，兼顧更有效的控制大眾文化的傳播內容與途徑。此外，筆者特別探討當時日本帝國正通往軍國主義的政治氛圍下，官方宣傳電影的製作與德國納粹紀錄片的法西斯美學的類同性質，尤其殖民者論述的穩定的農村生活美學合乎殖民者設計的農業生產的意識形態，與德國納粹宣傳手段所運用的法西斯美學風格在呈現國家的意志與貫徹的態度是一致的。

　　本書第三章探討影片呈現的農村生活影像紀錄，並從中剖析各種面向的文化意涵，筆者逐幕分析影片裡各個段落的農村生活影像，包括嘉南大圳的建設工地呈現的工程建設之實際影像，直接將現代性的工程現場，以震攝地宛如真實現場般的紀錄影像刺激著觀者的想像，讓農民能直觀式地體驗現代性發生的現場。影片裡耕作現場的紀實，反映了配合嘉南大圳灌溉施作與三年輪作推行的農獲，筆者發現嘉南大圳事業建設完成的水利灌溉成果之良窳，也攸關著台灣糖業資本利益之發展，因此安排具有強烈暗示的鏡頭組合來強調甘蔗豐收的意義，尤其特別由林阿仁在影片裡笑可掬地捧著甘蔗的特寫鏡頭之演出，對於這部影片的宣傳目的而言，有著不可言喻的重要性。此外，針對《幸福的農民》的默片形式，其字幕（卡）在影片裡的運用，比起有聲電影裡的旁白對於觀影者的影響更顯得重要，而筆者的研究發現整部影片的字幕（卡）除了必須符合日語語法的形式，而有使用「假名」的必要性，但是幾乎都刻意選擇使用「漢字」的文字運用策略，對於不暗日語卻識懂漢字的普遍文明知識水平較低的農民觀眾，能收更有成效的宣傳效果。在「農村家庭生活與集會」一節的撰述中，影片刻意從農獲歉收且落後的後善庄農民墮落的生活影像，對比農獲豐收的直順庄農民積極的接受殖民現代性所帶來的富裕生活，而主要角色林阿仁彷彿是殖民者的代言人般穿梭於後善庄與

直順庄的劇情發展之間，傳播如何成為「幸福的農民」的福音，是接受現代化語言「國語」與表揚「幸福的農民」的典範，營造林阿仁角色的魅力與戲劇張力，不啻是一種言簡意賅的有效宣傳手法。珍貴的 240 秒「阿仁與阿花」的結婚儀式影片段落，筆者特別觀察並提出影片拍攝製作者（殖民者）與影片演出者（被殖民者）之間的「矛盾狀態」（ambivalence），誠如霍米巴巴引用語言符號學理論以及拉康有關主體的理論：「提醒注意殖民經驗曖昧、混雜的性質；第一眼看來像是徹底的屈從（模仿），仔細推敲，卻顯露出一種狡詐型態的反抗」〔註4〕。

　　本書第四章筆者探討《幸福的農民》影片中電影發展與戲劇（劇場）的關係面向，對影片中豐富的布袋戲與歌仔戲影像史料對照並考證日治時期戲劇發展的實際情形，總結日本殖民者對於台灣本土傳統戲劇這種類似「異國情調」的異地文化的包容態度，是為豐富帝國文化的多元層次與殖民統治的便利性，仍是殖民者的本位主義思考所然。在張文環作品〈閹雞〉的比較分析中，筆者特別引申游勝冠對於〈閹雞〉小說中女性角色所做的「酒神文化」之評論，予以再深入探討有關影片裡歌仔戲舞台上的劇場形式之呈現，在「酒神文化」的概念裡尋找對應的解釋。祈雨儀式的探討裡，筆者發現影片裡拍攝者與被拍攝者之間的干預情形，仍係攸關於殖民與被殖民之間的「矛盾狀態」的抗拮與兩者文化習俗之迥異等複雜因素所致。在祭祀信仰的儀式探討裡，筆者選擇《南進台灣》文本作為比較探討對象，從《幸福的農民》影片以固定鏡頭儘量不干預的態度拍攝台灣人傳統的祭祀場面，到《南進台灣》影片裡對於日本傳統神道教祭祀儀式的嚴謹考究之影像收錄方式，呈現殖民者在日治時期皇民化運動前後的宗教政策調整的跡象，惟《南進台灣》影片對於本島台灣人在高雄港的陣頭遊街畫面長達 83 秒的影像收錄，呼應了筆者前述的殖民者異地文化的包容態度。此外，兩部影片處理女性角色在影片中的表現，不論是殖民政府體制的組成，爾或是殖民社會普遍存在的現實生活裡，女性的象徵究竟如何形容？在男性主宰的影像霸權裡，一覽無遺。

　　另一方面，本書特別將文學作品的文字描寫與《幸福的農民》影片裡的影像紀錄嘗試做比較研究，選擇的小說作品之作者則涵蓋了台灣人／日本人（蔡秋桐、龍瑛宗、呂赫若、張文環 VS 庄司總一、真杉靜枝、坂口䙪子）、

〔註4〕Robert Stam 著，陳儒修、郭幼龍譯，《電影理論解讀》，（台北：遠流出版，2002年），頁396。

男性／女性等不同屬性的文學藝術取向。而除了選擇小說形式的文字作品以外，也有日治時期靜態影像的攝影作品（鄧南光作品）以及動態影像的紀錄片（《南進台灣》），試圖從多元且不同的文本比較中去尋找更有利的位置來觀看影片與欣賞小說，剖析文本間的異同，釐清原創者的創作意圖與探討作品更深層的風貌。

《幸福的農民》影片在現今重新修復面世後，研究後發現這部影片涵蓋了許多可供歷史、民俗、宗教、社會、大眾傳播、藝術、或文學等各領域的研究層面，考察嘉南大圳的水利發展史，該影片可說是目前發現的宣傳嘉南大圳事業史料裡，內容最豐富也是最重要的文本；影片裡呈現的結婚、祈雨儀式、祭祀信仰等珍貴的農村民俗紀錄，提供對於彼時民俗研究的重要佐證資料；該影片由殖民者的視角觀看殖民統治下台灣民間宗教信仰的實際情形，特別是頒獎表揚林阿仁的影片段落，刻意營造彰顯日本武士道的精神，移植日本特有的精神概念之意欲相當明顯；嘉南大圳建設說明會的集會情形、三年輪作的推行、實行小組合制度落實的成果、直順庄國語夜學的農村學員學習實況、頒獎表揚林阿仁的集會盛況等，呈現了官方為推展嘉南大圳事業積極的介入並改變原本的農村社會運作模式；至於使用直順庄與後善庄兩種不同的正面與負面示範的劇情鋪陳，容易加強對於知識水平普遍不高的農民之宣傳效果；影片裡的傳統戲劇的演出紀錄，提供日治時期戲劇史研究的珍貴素材。因此《幸福的農民》影片確實是部值得從許多面向切入研究的文本。

而本書於探究《幸福的農民》影片的嘉南大圳事業宣傳意圖的研究過程中，發現了殖民經驗的曖昧與混雜的性質，充分反映在影片裡直順庄與後善庄的劇情發展與人物的演出表現上。此外也發現在台灣為了政治實現目的而運用影像媒體背後的文化操作，是從戰前殖民體制到現今民主社會的歷史軌跡裡仍存在的現象，只是使用的比例程度不一而已。

迄今日治時期台灣文學史的研究成果，不但累積了前人豐碩的先行研究成果，而且不斷地有新的成果與時俱進的加值中；反觀日治時期台灣電影史的研究而言，起步較晚乃始肇於戰後長期國民黨政府統治的管制電影政策所致，至於電影史料的不足也是一大問題，尤其是影像資料保存不易，受潮、膠捲材質壽命或蛀蝕等因素是自行毀壞的主因，更遑論是大部分的作品多遭迭散逸失。尤其以文本分析為中心的日治時期電影史的研究，期待新的影像

史料能陸續出土或再發現，才足以能更進一步的突破現有的研究困境。而本書的撰寫過程仍受限於相關主題的影像史料之匱乏，甚至必須借重文學作品的書寫來作為影像文本的對照比較，畢竟小說的創作受限於作者的主觀創作意識、書寫風格與外在殖民環境的影響，不若影像史料作為歷史敘述的強大功能性，倘日後新的影像被發現或修復完成，應能補充、修正或甚至重寫現階段的研究成果。目前專注於日治時期電影的研究者多屬於電影、文學、歷史、劇場等領域的專業，為提升並豐富研究面向，建議其他諸如語言、哲學、宗教、社會、法律、經濟、建築等學科領域的研究者也能積極加入日治時期電影的研究行列，藉由各領域不同的研究方法與專業背景共同整合、深化電影研究的內涵。

參考文獻

一、專　書

1. 《民俗台灣》復刻本，台北：武陵出版，1941 年 7 月至 1945 年 1 月，共43 期。

2. 《台灣民報》、《台灣新民報》復刻本，台北：東方文化書局，1923 年 4月 10 至 1932 年 4 月，共 410 期。

3. 三澤眞美惠，《殖民地下的銀幕——台灣總督府電影政策之研究　1895～1942 年》，台北：前衛出版，2002 年。

4. 三澤眞美惠著，李文卿等譯，《在「帝國」與「祖國」的夾縫間：日治時期台灣電影人的交涉與跨境》，台北：臺大出版中心，2012 年。

5. 王德威、黃英哲主編，《華麗島的冒險：日治時期日本作家的台灣故事》，台北：麥田出版，2010 年。

6. 王德威等編《帝国主義と文学》，東京：研文出版，2010 年。

7. 王詩琅譯，《台灣社會運動史—文化運動》，臺北：稻香出版，1988 年。

8. 王惠珍，《戰鼓聲中的殖民地書寫——作家龍瑛宗的文學軌跡》，台北：台大出版中心，2014 年。

9. 井上清著，宿久高譯，《日帝國主義的形成》，臺北：華世出版，1987 年。

10. 片岡巖，《台灣風俗誌》，台北：台灣日日新報社，1921 年。

11. 片岡巖著，陳金田譯，《台灣風俗誌》，台北：眾文圖書，1987 年。

12. 片岡巖，《台灣風俗》，台南：台灣語研究會，1914 年。

13. 四方田犬彥著，王眾一譯，《日本電影 100 年》，北京：三聯書店，2007 年。

14. 矢内原忠雄著，周憲文譯，《帝國主義下的台灣》，台北：帕米爾書店，1987 年。

15. 伊能嘉矩著，江慶林等譯，《臺灣文化志·中卷》，台北：台灣書房，2011年。

16. 庄司總一著，黃玉燕譯，《陳夫人》，台北：文經出版，2012年。

17. 竹中信子著，熊凱弟譯，《日治台灣生活史:日本女人在台灣（昭和篇1926～1945）上、下》，台北：時報文化出版，2009年。

18. 竹村民郎著，林邦由譯，《大正文化：帝國日本的烏托邦時代》，臺北：玉山社，2010年。

19. 內務省警保局，《映画檢閱時報》41冊，東京：不二出版、1985年。

20. 若林正丈、吳密察主編：《跨界的台灣史研究與東亞史的交錯》，台北：播種者文化，2004年。

21. 井迎兆，《電影剪接美學——說的藝術》，台北：三民，2006年。

22. 生安鋒，《霍米巴巴》，台北：生智文化，2005年。

23. 朱光潛，《文藝心理學》，台北：開明，1969年。

24. 朱惠足，《現代的移植與翻譯：日治時期台灣小說的後殖民思考》，台北：麥田出版，2011年。

25. 李天鐸，《臺灣電影、社會與歷史》，台北：亞太圖書，1997年。

26. 李亦園，《信仰與文化》，台北：巨流，1981年。

27. 李幼蒸，《當代西方電影美學思想》，台北：時報文化，1991年。

28. 李祐寧，《如何拍攝電影》，台北：商周出版，2010年。

29. 李泳泉，《臺灣電影閱覽》，台北：玉山社，1988年。

30. 李道明，《紀錄片：歷史、美學、製作、倫理》，臺北：三民書局，2013年。

31. 李文卿，《共榮的想像——帝國·殖民地與大東亞文學圈》，台北：稻鄉出版，2010年。

32. 李奭學主編《異地繁花：海外臺灣文論選譯（上)》，臺北：國立臺灣大學出版中心，2012年。

33. 何義麟著，《矢內原忠雄及帝國主義下之台灣》，台北：台灣書房，2011年。

34. 何恭上，《希臘羅馬神話101》，台北：藝術圖書，2009年。

35. 阮斐娜，《帝國的太陽下——日本的臺灣及南方殖民地文學》，台北：麥田出版，2010年。

36. 呂訴上，《臺灣電影戲劇史》，台北：銀華，1961年。

37. 呂紹理，《水螺響起：日治時期臺灣社會的生活作息》，臺北：遠流，1998年。

38. 林明德，《日本近代史》，臺北：三民書局，1996 年。

39. 林永昌，《觀眾視野下的台灣歌仔戲發展史》，台中：天空數位圖書有限公司，2011 年。

40. 林莊生《回憶台灣的長遠路程》，台北：玉山社出版，2014 年

41. 林鎮山，《臺灣小說與敘事學》，台北：前衛，2002 年。

42. 孟樊，《論文寫作方法與格式》，台北：威士曼，2009 年。

43. 孟濤，《電影美學百年回眸》，台北：揚智，2002 年。

44. 姚曉濛著，《電影美學》，台北：五南出版，1993 年。

45. 姚一葦，《戲劇原理》，台北：書林出版，2008 年。

46. 周婉窈，《海行兮的年代——日本殖民統治末期臺灣史論集》，台北：允晨文化，2009 年。

47. 周慶華，《故事學》，台北：五南出版，2002 年。

48. 吳密察、井迎瑞編，《片格轉動間的台灣顯影：國立台灣歷史博物館修復館藏日治時期紀錄影片成果》，台南：國立台灣歷史博物館，2010 年。

49. 吳佩珍，《真杉靜枝與殖民地台灣》，台北：聯經出版，2013 年。

50. 吳明德，《台灣布袋戲表演藝術之美》，台北：台灣學生，2005 年。

51. 邱坤良，《舊劇與新劇：日治時期台灣戲劇之研究（1895～1945）》，台北：自立晚報，1992 年。

52. 邱坤良，《漂浪舞台：台灣大眾劇場年代》，台北：遠流出版，2008 年。

53. 邱坤良，《台灣戲劇現場：抗爭與認同》，台北：玉山社，1997 年。

54. 邱貴芬，《後殖民及其外》，台北：麥田出版，2003 年。

55. 柳書琴、張文薰編選《臺灣現當代作家研究資料彙編 06：張文環》，臺南：國立臺灣文學館，2011 年。

56. 許俊雅編選，《臺灣現當代作家研究資料彙編 10：呂赫若》，臺南：國立臺灣文學館，2011 年。

57. 荊子馨著，鄭力軒譯，《成為「日本人」：殖民地台灣與認同政治》，台北：麥田出版，2006 年。

58. 真杉靜枝，《ことづけ》，東京：新潮社，1941 年。

59. 徐亞湘，《日治時期台灣戲劇史論：現代化作用下的劇種與劇場》，台北：南天書局，2006 年。

60. 徐樂眉，《百年台灣電影史》，新北市：揚智，2012 年。

61. 翁振盛、葉偉忠著，封德屏主編，《敘事學‧風格學》，台北：文建會出版，2010 年。

62. 陳芳明，《殖民地摩登：現代性與台灣史觀》，台北：麥田出版，2011 年。

63. 陳芳明，《台灣新文學史（上）》，台北：聯經出版，2011 年。

64. 陳建忠，〈差異的文學現代性經驗〉收錄於《臺灣小說史論》，台北：麥田出版，2007 年。

65. 陳鴻圖，《臺灣水利史》，台北：五南，2009 年。

66. 陳正美，《嘉南大圳與八田與一》，台南：台南市政府文化局，2011 年。

67. 陳萬益編選《臺灣現當代作家研究資料彙編 07：龍瑛宗》，臺南：國立臺灣文學館，2011 年。

68. 陳培豐著，王興安、鳳氣至純平編譯，《「同化」的同床異夢：日治時期台灣的語言政策、近代化與認同》，台北：麥田出版，2006 年。

69. 陳培豐，《想像和界線—台灣語言文體的混生》，臺北：群學出版，2013 年。

70. 陳龍廷，《台灣布袋戲發展史》，台北：前衛出版，2007 年。

71. 陳懷恩，《尼采藝術形上學》，嘉義：南華管理學院，1988 年。

72. 陳詠明，《儒學與中國傳統宗教》，台北：台灣商務印書館，2004 年。

73. 陳建忠等，《臺灣小說史論》台北：麥田出版，2007 年。

74. 國分直一，《台灣的歷史與民俗》，台北：武陵出版，1991 年。

75. 福田增太郎著，黃有興譯，《臺灣宗教信仰》，台北：東大圖書，2005 年。

76. 莫光華，《台灣各類型地方戲曲》，台北：南天書局，1999 年。

77. 崔末順，《海島與半島：日據台韓文學比較》，台北：聯經出版，2013 年。

78. 許俊雅，《日治時期臺灣小說研究》，台北：文史哲出版，1995 年。

79. 許俊雅編選《臺灣現當代作家研究資料彙編 10：呂赫若》，臺南：國立臺灣文學館，2011 年。

80. 程予誠，《電影敘事影像美學：剪接理論與實證》，台北：五南出版，2008 年。

81. 黃仁，《日本電影在臺灣》，台北：秀威資訊科技，2008 年。

82. 黃仁、王唯編，《臺灣電影百年史話》上，台北：中華影評人協會，2004 年。

83. 黃新生，《電影理論》，台北：五南圖書，2010 年。

84. 黃國鉅，《尼采——從酒神到超人》，香港：中華書局，2002 年。

85. 張恆豪編選《楊雲萍、張我軍、蔡秋桐合集》，台北：前衛出版社，1996 年。

86. 張恆豪編，《張文環集》，台北：前衛出版，2004 年。

87. 葉碧苓，《學術先鋒：臺北帝國大學與日本南進政策之研究》，台北，稻鄉，2010 年。

88. 葉龍彥，《日治時期台灣電影史》，台北，玉山社，1998 年。

89. 葉榮鐘，《日據下台灣政治社會運動史（下）》，臺中：晨星出版，2000 年。

90. 葉渭渠，《日本文化史》，台北：遠足文化，2012 年。

91. 曾永義等著，《台灣新傳統戲劇之美》，台中：晨星出版，2002 年。

92. 游惠貞編，《女性與影像——女性電影的多角度閱讀》，台北，玉山社，1998 年。

93. 游勝冠，《殖民主義與文化抗爭：日據時期台灣解殖文學》，台北：群學出版，2011 年。

94. 齊隆壬，《電影符號學：從古典到數位時代》，台北：書林出版，2013 年。

95. 鈴木清一郎，《臺灣舊慣冠——婚葬祭と年中行事》，台北：日日新報社，1934 年。

96. 鈴木清一郎著，高賢志、馮作民譯，《臺灣舊慣習俗信仰》，台北：眾文圖書，1981 年。

97. 楊渡，《日據時期台灣新劇運動》，台北：時報文化，1994 年。

98. 楊馥菱，《台灣歌仔戲史》，台中：晨星出版，2002 年。

99. 趙稀方，《後殖民理論與台灣文學》，台北：人間出版社，2009 年。

100. 趙庭輝，《敘事電影與性別論述》，台北：華藝數位，2010 年。

101. 廖炳惠，《關鍵詞 200：文學與批評研究的通用辭彙編》，台北：麥田出版，2003 年。

102. 鄧南光攝影、古少騏撰文，《看見北埔·鄧南光：客庄生活影像故事 1》，苗栗：客委會客家文化發展中心，2012 年。

103. 鄭樹森，《電影類型與類型電影》，台北：洪範，2005 年。

104. 劉立行，《當代電影閱讀美學》，台北：五南出版，2014 年。

105. 蔡蕙頻著，《不純情羅曼史》，台北：博雅書屋，2011 年。

106. 樂黛云序，姚曉濛著，《電影美學》，台北：五南出版，1993 年。

107. 龍瑛宗，《龍瑛宗集》，台北：前衛出版，1991 年。

108. 龍瑛宗著，葉笛譯，《龍瑛宗全集·一（中文卷）》，台南：國家台灣文學館籌備處，2006 年。

109. 龍瑛宗著，葉笛譯，《龍瑛宗全集·二（中文卷）》，台南：國家台灣文學館籌備處，2006 年。

110. 龍瑛宗著，林至潔譯，《龍瑛宗全集·五（中文卷）》，台南：國家台灣文學館籌備處，2006 年。

111. 簡政珍，《電影閱讀美學》，台北：書林出版，1993 年。

112. 羅傑大衛斯、池野修著，王家軒、劉建宏譯，《頑張り 28 個關鍵字解讀當代日本文化》，台北：遠足文化，2012 年。

113. 藤島亥志郎著，詹惠玲譯，《台灣的建築》，台北：台原出版，1993 年。

114. Benedict Anderson 著，吳叡人譯，《想像的共同體》，台北：時報文化，1999 年。

115. Christian Delage & Vincent Guigueno 著，楊旭輝、王芳譯，《歷史學家與電影》，北京：北京大學出版社，2008 年。

116. David Bordwell 著，游惠貞等譯，《電影意義的追尋——電影解讀手法的剖析與反思》，台北：遠流出版社，1994 年。

117. E. Patricia Tsurumi 著，林正芳譯，《日治時期台灣教育史》，宜蘭：仰山基金會，1999 年。

118. Jacques Rancière 著，黃建宏譯，《影像的宿命》，台北：國立編譯館，2011 年。

119. Jeniffer van Sijll 著，王旭鋒譯，《電影就是說故事——電影人一定要會的 100 種最有力的電影說故事技巧》，台北：五南圖書，2013 年。

120. Jill Nelmes 著，陳芸芸譯，《電影學入門》，台北：韋伯文化，2006 年。

121. Ken Dancyger & Jeff Rush 著，易智言等譯，《電影編劇新論》，台北：遠流出版社，2011 年。

122. Launt Jullier 等著，喬儀蓁譯，《閱讀電影影像》，台北：積木文化，2010 年。

123. LouisD. Giannetti 著，焦雄屏譯，《認識電影》，台北：遠流出版社，2005 年。

124. Michael Rabiger 著，王亞維譯，《製作紀錄片》，台北：遠流出版社，2010 年。

125. Nicholas Mirzoef 著，陳云云譯，《視覺文化面面觀》，台北：韋伯文化，2012 年。

126. Norman Hollyn 著，井迎兆譯，《電影剪接概論》，台北：遠流出版社，1995 年。

127. Paula Rabinowitz 著，游惠貞譯，《誰在詮釋誰：記錄片的政治學》，台北：遠流出版社，2000 年。

128. Patrick Phillips 著，李芬芳譯，《解密電影：不可不知的 5 個故事》，台北：書林出版，2011 年。

129. Richard M. Barsam 著，王亞維譯，《紀錄與眞實：世界非劇情片批評史》，台北：遠流出版社，1996 年。

130. Robert Stam 著，陳儒修、郭幼龍譯，《電影理論解讀》，台北：遠流出版

社，2002 年。

131. Ruth Benedict 著，陸徵譯，《菊與刀》，台北：遠足文化，2014 年。

132. Susan Hayward 著，孫柏等譯，《電影研究關鍵詞》，北京：北京大學，2013 年。

133. Syd Field 著，曾西霸譯，《實用電影編劇技巧》，台北：遠流出版社，2008 年。

134. Tim Bywater、Thomas Sobchack 著，李顯立譯，《電影批評面面觀》，台北：遠流出版社，1997 年。

135. V.I.Pudovkin 著，劉森堯譯，《電影技巧與電影表演》，台北：書林，2006 年。

136. Wallace Matin 著，伍曉明譯，《當代敘事學》，北京：北京大學，2005 年。

137. Bushido ,Kodansha Encyclopedia of Japan,（Vol.1）東京：講談社。

二、期刊及研討會論文

1. 朱惠足著，〈日本帝國下國族與性別的邊界協商：日治時期的台日通婚書寫〉第 43 卷第 2 期，《中外文學》，台北：台大出版中心，2014 年 6 月。

2. 張小虹，〈重塑法農《黑皮膚、白面具》中的性別／種族政治〉，《中外文學》第 24 卷第 1 期，1995 年 10 月。

3. 陳培豐，〈差異、類似和混雜：重新思考台灣的漢文和近代文學〉，《中外文學》第 44 卷第 1 期，台北：台大出版中心，2015 年 3 月。

4. 陳淑容、柳書琴，〈宣傳與抵抗：嘉南大圳事業論述的文本縫隙〉，《台灣文學學報》第 23 期，台北：國立政治大學台灣文學研究所，2013 年。

5. 李道明，〈戰前與戰時台灣教育會與殖民政府的電影運用〉，國立台北藝術大學舉辦「第一屆台灣與亞洲電影史國際研討會：1930 與 1940 年代的電影戰爭」會議論文，2015 年 10 月 31 日～11 月 1 日。

6. 李道新，〈從臺灣到滿洲：帝國的鄉村凝視與殖民的文化統合──以臺灣教育會攝影的《幸福的農民》與「滿映」製作的《光輝的樂土》爲例〉，國立台北藝術大學舉辦「東亞脈絡中的早期臺灣電影：方法學與比較框架 Early Taiwan Cinema: the Regional Context and Theoretical Perspectives」國際研討會會議論文，2014 年 4 月 26 日。

7. 徐亞湘，〈落地掃到戲園內台的跨越〉，《百年歌仔：2001 年海峽兩岸歌仔戲發展交流研討會論文集》，國立傳統藝術中心舉辦「2001 年海峽兩岸歌仔戲發展交流研討會」，2001 年 8 月 30 日至 9 月 15 日。

三、學位論文

1. 三澤眞美惠，〈日本時代台灣電影政策之研究　1895 年～1942 年〉，國立台灣大學歷史研究所碩士論文，1998 年。

2. 王文玲，〈日據時期台灣電影活動之研究〉，國立台灣師範大學歷史研究所碩士論文，1994 年。

3. 呂芳麟，〈國家神道與臺灣殖民統治〉，淡江大學日本研究所碩士論文，2005 年。

4. 岩口敬子，〈國家儀典與國民統合——日治時期臺灣官方節日與儀式之研究〉，國立政治大學台灣史研究所碩士論文，2009 年。

5. 邱雅芳，〈南方作爲帝國慾望：日治時期日人作家的台灣書寫〉，國立政治大學中國文學研究所博士論文，2008 年。

6. 洪雅文，〈日本殖民地支配下における台湾映画界に関する考察〉，早稻田大學演劇研究所碩士論文，1997 年。

7. 徐嘉檣，〈台灣宗教信仰的認同與身分——一個初探〉，東吳大學社會學研究所碩士論文，1990 年。

8. 陳玲蓉，〈日據時期臺灣宗教政策研究——以神道爲中心〉，淡江大學日本研究所碩士論文，1990 年。

9. 郭雲萍，〈國家與社會之間的嘉南大圳——以日據時期爲中心〉，國立中正大學歷史學系碩士論文，1993 年。

10. 陳鴻圖，〈嘉南大圳研究（1901～1993）——水利、組織與環境的互動歷程〉國立政治大學歷史學系博士論文，2000 年。

11. 張維正，《接觸、殖民與文化受容：日治時期臺灣漢人婚禮的變遷》，台北：國立台灣師範大學台灣史研究所碩士論文，2012 年。

12. 葉宜婷，〈日治時期中、短篇小說中神道與臺灣風俗信仰的書寫研究〉，國立台北教育大學台灣文化研究所碩士論文，2011 年。

13. 傅欣奕，〈日治時期電影與社會教育〉，台北：國立台灣師範大學台灣史研究所碩士論文，2013 年。

14. 頓宮幸子，〈日本神道和台灣道教的比較研究〉，中國文化大學日本研究所碩士論文，1999 年。

15. 楊東叡，〈日治時期臺灣巫覡術士之研究〉，桃園：國立中央大學歷史研究所碩士論文，2013 年。

16. 歐淑敏，〈日治時期臺灣電影的政教功能〉，國立台灣師範大學，國文學系在職進修碩士班碩士論文，2004 年。

17. 蔡素貞，〈日治時期台灣人對日本文化的迎拒——殖民性、現代性與文化認同〉，中國文化大學史學研究所博士論文，2007 年。

18. 謝侑恩，〈影像與國族建構：以國立台灣歷史博物館館藏日據時代影片《南進台灣》為例〉，國立台南藝術大學音像藝術管理研究所碩士論文，2007年。

四、網站資源

1. 大鐸資訊《台灣日日新報》資料庫，
   網址：http://ttsgroup.com.tw/System/sys_8.html

2. 台灣大百科全書，
   網址：http://nrch.culture.tw/twpedia.aspx?id=5519

3. 台灣省五十一年來統計提要（1894～1945），
   網址：http://twstudy.iis.sinica.edu.tw/twstatistic50/

4. 台灣電影數位典藏資料庫，
   網址：http://www.ctfa.org.tw/history/index.php?id=1091

5. 日治時期期刊全文影像系統，
   網址：http://hyerm.ntl.edu.tw:2136/cgi-bin/gs32/gsweb.cgi/login?o=dwebmge&cache=1450372974695

6. 日治時期圖書全文影像系統，
   網址：http://hyerm.ntl.edu.tw:2135/cgi-bin/gs32/gsweb.cgi/login?o=dwebmge&cache=1450373035860

7. 台灣維基百科，
   網址：https://zh.wikipedia.org/wiki/%E6%97%A5%E4%BF%84%E6%88%98%E4%BA%89

8. 孫中山故居紀念館，
   網址：http://www.sunyat-sen.org:1980/b5/www.sunyat-sen.org/zxdt/showwb.php?id=53779

9. 耕研居宗教民俗研究室，
   網址：http://blog.yam.com/hsiehlee/article/71102776

10. 台中市大甲區公所電子書，
    網址：http://163.29.86.72/index.html

11. 國立台灣大學圖書館台灣舊照片資料庫，
    網址：http://photo.lib.ntu.edu.tw/pic/db/oldphoto.jsp